Tucholsky  Wagner  Zola  Scott  Sydow  Freud  Schlegel
Turgenev  Wallace  Fonatne

Twain  Walther von der Vogelweide  Fouqué  Friedrich II. von Preußen
Weber  Freiligrath  Frey

Fechner  Fichte  Weiße Rose  von Fallersleben  Kant  Ernst  Richthofen  Frommel

Engels  Fielding  Hölderlin  Tacitus  Dumas
Fehrs  Faber  Flaubert  Eichendorff
Eliasberg  Ebner Eschenbach
Feuerbach  Maximilian I. von Habsburg  Fock  Zweig
Ewald  Eliot  Vergil

Goethe  Elisabeth von Österreich  London

Mendelssohn  Balzac  Shakespeare  Dostojewski  Ganghofer
Lichtenberg  Rathenau
Trackl  Stevenson  Doyle  Gjellerup
Tolstoi  Hambruch
Mommsen  Lenz  Hanrieder  Droste-Hülshoff
Thoma
Dach  Verne  von Arnim  Hägele  Hauff  Humboldt
Reuter
Karrillon  Rousseau  Hagen  Hauptmann  Gautier
Garschin
Defoe  Baudelaire
Damaschke  Hebbel
Descartes  Hegel  Kussmaul  Herder
Wolfram von Eschenbach  Dickens  Schopenhauer
Darwin  Rilke  George
Bronner  Melville  Grimm Jerome
Bebel  Proust
Campe  Horváth  Aristoteles
Bismarck  Vigny  Barlach  Voltaire  Federer  Herodot
Gengenbach  Heine

Storm  Casanova  Tersteegen  Grillparzer  Georgy
Lessing  Gilm
Chamberlain  Langbein  Gryphius
Brentano  Lafontaine
Strachwitz  Claudius  Schiller  Kralik  Iffland  Sokrates
Bellamy  Schilling
Katharina II. von Rußland  Gerstäcker  Raabe  Gibbon  Tschechow

Löns  Hesse  Hoffmann  Gogol  Wilde  Gleim  Vulpius
Luther  Heym  Hofmannsthal  Klee  Hölty  Morgenstern
Roth  Heyse  Klopstock  Kleist  Goedicke
Luxemburg  Puschkin  Homer  Mörike
La Roche  Horaz  Musil
Machiavelli  Kierkegaard  Kraft  Kraus
Navarra  Aurel  Musset
Lamprecht  Kind  Kirchhoff  Hugo  Moltke
Nestroy  Marie de France

Laotse  Ipsen  Liebknecht
Nietzsche  Nansen
Marx  Ringelnatz
von Ossietzky  Lassalle  Gorki  Klett  Leibniz
May  vom Stein  Lawrence  Irving
Petalozzi
Platon  Knigge
Sachs  Pückler  Michelangelo  Kock  Kafka
Poe  Liebermann
Korolenko
de Sade  Praetorius  Mistral  Zetkin

Der Verlag tredition aus Hamburg veröffentlicht in der Reihe **TREDITION CLASSICS** Werke aus mehr als zwei Jahrtausenden. Diese waren zu einem Großteil vergriffen oder nur noch antiquarisch erhältlich.

Symbolfigur für **TREDITION CLASSICS** ist Johannes Gutenberg (1400 — 1468), der Erfinder des Buchdrucks mit Metalllettern und der Druckerpresse.

Mit der Buchreihe **TREDITION CLASSICS** verfolgt tredition das Ziel, tausende Klassiker der Weltliteratur verschiedener Sprachen wieder als gedruckte Bücher aufzulegen – und das weltweit!

Die Buchreihe dient zur Bewahrung der Literatur und Förderung der Kultur. Sie trägt so dazu bei, dass viele tausend Werke nicht in Vergessenheit geraten.

# Der himmlische Zecher

Alfred Mombert

# Impressum

Autor: Alfred Mombert
Umschlagkonzept: toepferschumann, Berlin

Verlag: tredition GmbH, Hamburg
ISBN: 978-3-8495-3152-2
Printed in Germany

# Text der Originalausgabe

Alfred Mombert

# Der himmlische Zecher

Ausgewählte Gedichte

Neue erweiterte Ausgabe
Im Insel-Verlag zu Leipzig / 1922

# Alfred Mombert

# Der himmlische Zecher

## Ausgewählte Gedichte

Neue erweiterte Ausgabe

Im Insel-Verlag zu Leipzig / 1922

Land und Meer

Gluten

Forschung

# I

## 1

Ohne Leidenschaft, doch ganz in Liebe
komm' ich zu dir und frage dich:
Willst du mich haben?
Ich sitze gern im Frühling, in thauigen Gärten,
wo ein Wind weht
über ein Blumenbeet.
Und kommt der greise Gärtner mir vorüber,
so red' ich gern mit ihm ein Viertelstündchen
von seinen Büschen und von seiner Erde;
ein Vogel singt im Baum.
Da reden wir, auch wir: was Menschen reden.
Und nehm' ich dann ein Blatt vom Baum
und leg' es dir auf deine große Hand,
so fühlst du das: du hast mein Herz.

## 2

Am letzten Ende des schönen Gartens
schichtet der Gärtner die erfrorenen Sträucher
und welken Äste.
Dort ist es schön, dort sitz' ich gern.
Ich liebe die Dornen und die welken Äste.
Und in Mondnächten geben sie mir Alles,
was ein Mensch zum Leben nötig hat.

\*

Den Dichter seh' ich wandeln in der Mondnacht,
und hör' ihn flüstern unter den hohen Bäumen –
so süß! so süß!

Denn das ist Alles Dichtung,
womit ein Mensch sich seine Schmerzen lindert.


## 3


Am liebsten schliefe ich in der Heimat,
im Vaterhause, in der Mutterstube.
Doch da's nicht sein kann, bin ich in der Fremde,
umgeben von den Schriften toter Menschen.
Und wenn ich nachts aufwache und dann denke,
höre ich rings Menschen atmen, Menschen schlafen,
Menschen weinen.
Und Jeder könnte mir Vater sein und Mutter.
So nah beieinander sind sich allalle Menschen.

*

Ich schliefe gern im Vaterhause;
ich läg' bewacht von einem ewigstillen Licht,
hoch über mir ein luftiges Gesause.


## 4


Ein Haus ... Nur der Grille Stimme klang
in die stillen Bereiche.
Manchmal, eines Mädchens kühler Sang,
der wellengleiche.
Und ein Kind, ein Knabe lag tagelang
am zitternden Teiche.

*

Ich hörte den Wind durch die Eichenkronen streichen.
Mein Herz war kühl wie die Teiche meiner Heimat.

Die weißen Wolken über den grünen Hügeln!
Dann kam die Schwalbe, die Schwalbe übers Meer.

## 5

Da ich hier auf den Wurzeln der deutschen Eiche liege,
raste,
wird der schwere alte Baum stumm vor Glück,
er bebt in seinen jüngsten Mondlicht-Wipfeln.

\*

Die Nacht ruht glänzend über den stillen Hügeln.
Eine Pflanze atmet neben mir,
ihr feuchtes Blättchen ruht an meiner Wange.
Ich bin die Musik der Welt. Den goldenen Thau
leg' ich in jede schicksaldunkle Blüte.

\*

Mein Schatten füllt die Felswand in der Mondnacht.
Eine Quelle glänzt zu meinen Füßen
und löst mein Leben auf in lispelnd Wasser.
Mein Lied, so schlummervoll lieblich tönest du,
daß ich zu leben vergesse; und sterbe.

## 6

Da schweres Laub im Mondlicht hängt,
so dicht in sich gedrängt,
so regunglos –
wie mein Geist, der in die Welt gesenkt.
Das Ernste, das ich in die Welt gebracht;
ich weinte eine Nacht,

bis Alles still stand,
so regunglos,
als wär's nur mein Gewand.
Das Ferne, das ich in die Welt gebracht,
die Geister,
der Glanz aus meinem Heimatland.
Hätt' ich Tränen nie vergossen,
wär' jetzt alle Freude in mir beschlossen.


# 7


Geliebte –

Verschwebend im Gesange eines Vogels,
der über den Bäumen
in letzter Wipfelkühle
die Abendinbrunst singt,
indes zu seinen Füßen
glutrote Sonne
in dem schwarzen Forst ertrinkt

Ahne, was einst sein wird,
wann der Gesang verstummt, und meine Seele
nur noch aus Quellen unsichtbarer Wälder klingt.


# 8


Einsames Land! Einsamer Baum darinnen!
Süß ist das Stehn und Sinnen
unter deinen Zweigen.
Aus deinen Wipfeln sinkt es nieder,
das Selig-Dämmernde und Schweigende.
Die Hände strecke ich aus, und sie füllen sich

und unsichtbaren Blättern, und ich fühle das ganz
im reifgewordenen Herzen.

O Baum, an deinem Stamm, unter deinen Zweigen
ward ich ein blinder Mann, und sammle ein
die Gaben, die aus deinen Wipfeln niedersinken.
Das Herrlichste, es sinkt mir auf das Haupt,
und auf die Schultern, liegt zu meinen Füßen.
Es verschüttet mich.
Reicht eine Harfe! Das Tief-Ewige
umschauert mich.

Es dringt ein Glanz herein in meine Nacht.
Das muß die Träne sein, die draußen auf der Schwelle
des Hauses lagert und den Mond anblickt.
Reicht mir die Harfe! Glänzender war ich nie!
Schließt die Pforten auf! öffnet die Fenster!
Ihr Alle, Alle, kommt zum großen Fest!


**9**


Eingeborene Schwermut, und das Anschaun eines
Glanzgestirns
in der Jugendzeit ...
Aus der Welt so stolz und weit
fanden sich in mir die Beiden.
Ich aber war ein Mensch und that das gerne leiden. –
Aus meinem Haupt mächtig ein Wasserfall
stürzt sich in meine eingeborene Schwermut nieder.

Ich lausche meiner obern Melodie.
Doch hin! – hinauf zu mir! – gelang' ich nie.

Drum möcht' ich: eilen: ewig, unverhüllt
ins Weite,

das Meer an meiner Seite,
und die Sehnsucht ungestillt.

## 10

Ich lieg' auf einer Insel, zwischen hohen sanften Blu-
men.
Wie still ist mir ums Herz!
Reine Berge stehen rund um mich: eine Habe
die mir gehört – fast möcht' ich lächeln.
Über meinen Augen liegt eine glänzende Decke –
fast möcht' ich die Hände rühren und sie wegziehn.
Fast möcht' ich aufstehn!
Ich höre das Meer – es stürmt blau auf den Strand.

\*

Bevor ich diesen Inselstrand verließ,
entdeckte ich letztmals streifend eine Höhle,
da drinnen ward mir eine neue Seele,
die mir ein höchstes Glück verhieß.

Und so saß ich lange,
ein tiefes Lächeln auf meiner Wange.
Vom Licht umzittert in der Dämmerkühle.
Glühend in einem neuen
Heimat-Urgefühle.

\*

Es war zur Nacht, da ich ins Meerhorn stieß.
Es war zur Nacht, da ich zum Aufbruch blies.
Es war zur Nacht, da ich den Strand verließ.
Mein Boot lag in der Mondquelle.
Ich stand in vollendeter Helle.
Ich stand schlafähnlich starr auf silbernem Kies.

## 11

Ich kam in eine Gegend endlos überflutet
von Wassern, und der kühle Luftraum
atmete drüber in großen Zügen
und sprach Etwas; ich stand in einem Boot
traumhaft hochaufgerichtet, und ich trieb
mit einer langen Stange langsam vorwärts,
die langte bis in Grund, und rührte drunten
glänzende Sterne auf aus einem Schlummer.
Und drüberhin glitt ewiglang das Boot,
sein Boden war vergoldet aus der Tiefe
von jenen Angesichtern, die jetzt dort erwachten,
und das – das rührte mich nun innig,
weil ich so dunkel war in einem Mantel,
und weil ich selbst mein Angesicht nicht sah.
Und so im Boote stehend trieb ich vorüber
an einer einsam blühenden Wasserpflanze,
schön wie ein Strauß und dicht wie eine Insel.
Dort ankerte ein Nachen. Und drin saß ein Mann
in tiefem Sinnen. Und mich überfiel es,
wie groß er war, und hier ganz in der Heimat.
Die Sterne, die mir aus der Tiefe glänzten,
sie waren die Gedanken jenes Mannes,
er füllte hier Alles aus,
er sah mich immer an.
Doch fiel mir bei, daß auch ich da war
und machtvoll hinfuhr durch dies Reich,
daß er nur früher kam als ich
und es durchdrang und gänzlich in Besitz nahm –
eine Stunde früher als ich.

Und so erhob ich meine lange Stange
aus diesen Fluten, und ich winkte Jenem
halb fragend, halb gebieterisch, hinüber.
Und er stand herrlich hoch in schmalem Nachen.
Eine goldene Flöte in der Hand

wies sein ausgestreckter Arm
weit, weit ins Ferne. Dort im Äußersten
lag ein Gebirge; ein blau Gewölk
drüberher.

Dorthin wies er mich, selig glänzte sein Antlitz,
und ganz in Rührung lag sein Blick auf mir,
auf meiner Dunkelheit und meinem Feuer.
Als wär' ich seines Geistes
ersehnter Erbe, und Vollender.
Dort fern im Letzten lag ein Reich – *mein Reich*.


## 12

»Ob's möglich ist, hier einen Weg zu bahnen.«
Das ist das Wort, das ich mir oftmals sage
im Tiefen-Bewußtsein, währenddeß mein Geist
eindringt in eine Welt urgroßer Bilder.
Unbewegt lagern sie,
den Wanderer anschauend.
Hier hängt ein Vogel seine Flügel über mich,
daß ich wie in Höhlen stehe.
Aufblickend seh' ich wunderbare Sterne
den Federn eingefügt, ein Nacht-Gewölbe
strahlt über mir, und macht in Wonne staunen.
Dann saust das auf, dann wirbeln Blätter nieder
aus Wipfeln eines Welt-Baums.
Niederblickend seh' ich schillernden Strom
an mir vorübergleiten, der treibt die Blätter
über meinem Spiegelbild dahin.
Liegen muß ich, übers Wasser starren,
bis Etwas wie ein Greis mich weckt, eine Bergstange
mir in die Hände legt. Ich merk' es jetzt:
Ich bin im Eisgebirg. Das Mondlicht silbert
an scharfen Zinnen. Und ich stehe; schaue ...
Eine Sonne schau' ich. Glutrot

hängt sie über drei Weltmeeren.
In alle drei tropft ihre Glut hinunter
und sinkt durch Wogen sichtbar bis in Grund.
An jedem der drei Meere
sitzt ein Ufer-Greis mit einer Angel
in tiefem Sinnen.
Er fischt Gluttropfen aus den dunklen Wogen,
er legt sie auf die Hand, und läßt sie glühen,
und blickt aus traumalten Augen
in tiefe Himmel.

»Ob's möglich ist, hier einen Weg zu bahnen.«
Das ist das Wort, das tief im Haupte nistet
und mir oftmals den Fuß rührt und die Hände.
's ist das, was »Mensch« ist, und »das Leben« ist;
's ist das, was einzig einen Namen trägt.
Doch Alles Andre, das ist Namenloses;
und lagert; und blickt mich an.
Und dran zu denken, wie dies Wort
mir in das Haupt kam, und warum es kam –
auch das ist Namenloses;
und lagert; und blickt mich an.


## 13


Nur daß ich wachte.
Nur daß ich eine Fackel trug,
die zuckend rot den dunklen Gang beblutete,
den steinernen Gang, in dem wir wandelten.
O wie ich wachte!
O jeder Nerv und jeder Zoll ist wach.
Und während ich hieroben gespannt die Wand be-
schaue,
fühl' ich tiefinnen hinaus – zurück den dunklen Gang! –
und weiß auch: ich fühle – weiß selbst, daß ich weiß! –
Kristalle – Kristalle – leuchtende Kristalle! –

Die Seele erblindet am eignen Glanze! ...
Der ganze Gang ward von mir ausgewuchert,
ist ein Gewächshaus, drin meine Seele haust –
ist nichts als Ausdruck! Außenform,
die meine Seele launenvoll sich schuf! –
Doch damals ward zugleich ewiger Schmerz geboren:
ward der Gewalt ihr ewiges »Halt!« geboren:
Sie weiß es nicht, warum sie also formte,
warum nicht anders ...
Und wann ich jetzt die blutende Fackel ans Gewölb
stieß,
wußte ich:
Das war in der Seele lange vorher schon gethan:
Von einer Urhand, die manchmal aus Urtiefen
die blutende Fackel ans Gewölb stößt ...
Und jetzt lausch' ich dem allerspätesten fernsten Echo...

Nur: Ich wachte.
Sie aber, düster Volk von Männern,
magre Weiber, greishafte Kinder
schritten schlafend, geschlossene Augen hinter mir,
graue Gesichter schmerzlos stumpf,
etwas seitlich neigten die schweren Häupter.
Nur wann ich manchmal die blutende Fackel ans Ge-
wölb stieß,
glühende Kohlen brannten auf sie nieder,
auf Gesichter schmerzlos stumpf geneigt:
Es zuckte leise darunter –
            ach so leise ...
Eine Spannung –
            ach so leise ...
Ein Wissen, das kaum schon Atmen ist –
            ach so leise ...
Das allerfrüheste fernste Glänzen des Bewußt-Seins –
            ach so leise...

**14**

Ich that auf das dunkle Fenster.
Ein Licht brach herein über mein Antlitz; und verging.
Ich saß nieder und weinte,
über mein Antlitz quollen meine Tränen.


**15**

Ich komme an in einem großen Regen.
Es ruht die wilde Stadt in schwerem Schlaf;
am Thor der Wächter hält sein schlafkrank Antlitz mir
entgegen,
sein silberglänzendes.
Nachtvögel schreien, und es schleichen Hunde;
Das Alles überbraust ein naher Wasserfall.

Ich lehne schwer an den schimmernden Mauerwall.
Ich halte in Händen den eisernen Kelch
des glühenden Eintritt-Trankes
der furchtbaren Orgien-Stadt.

*

Ich will Dich so sehr vergessen,
so sehr ich Dich einst liebte.
Du kannst daraus ermessen,
wie sehr ich Dich einst liebte.


**16**

Sie sitzen noch auf der Tribüne,
die wilden Geiger, glühenden Bläser;
das ganze Macht-Orchester.

Sie alle sind eiskalt zu Erz erstarrt;
metallne Glieder, bronzene Gesichter,
auf schwarzen Locken thront regunglos der Sturm-
helm.
Und drunten tief im Saal auf tausend Stühlen,
in langen stillen Reihen,
drin manchmal ein Häufchen Asche niederfällt,
sitzen die Skelette der verzehrten Hörer.
Doch alle überragt der Meister der Kapelle.
Er flammt vor seinem Pult als rauschende Fackel
zu den Gewölben auf, und die Erz-Posaune
verkündet schmetternd seine Herrschaft.

Aber in dunklen Hintergründen einer Galerie
sitzt der Geist der Freiheit:
sitzt der Tondichter.
Den Fuß hält er gestemmt auf den Kopf des Tieres im
Abgrund;
und das Tier ist das Chaos.


## 17

Ein Riese steht im Morgengrauen
nahe meinem Landhause
vor einem schwarzen Wäldchen.
Er hält eine feurig glühende Armbrust,
sein glühender Bolzen zielt auf die hölzerne Thür des
Hauses.
Rundum ein tönend Heer von Stimmen,
und immer tönender die Stimme eines Greises,
die sagt: »– *ich sei ein ewiger Gedanke.*« –
Und ungeheuer, wirbelnd wird die Stimme,
und der glühende Armbrustschütze vor dem schwar-
zen Wäldchen
versinkt in ein tiefes Träumen,
er brütet, kauernd bei gesunkener Waffe,

sein schwermütig Auge, das große glühende,
haftet an der verschlossenen Thür des Hauses.

*

Ich höre das dämonische Weinen des Meeres
im Morgengrauen.
Zu meinen Häupten, zu meinen Füßen
weint Alles.
Und auch mein Fleisch hebt jetzt an zu weinen.
Doch entsteigt ihm der selig goldene Fels,
der tränenlose Ewige.

# 18

In deinem Gartenhaus im Thal des grünen Friedens,
wo Marmorgräber schriftbedeckt zerfallen,
manchmal plätschert ein Brunnen über Stufen,
liegst du auf einem Lager. Dort am Fenster
schwankt eine kranke Blume – kummervoll.
Zwei Männer stehn zuseiten deinem Lager.
Sie halten hochgeschwungene lange Hämmer.
Sie pochen an deine Stirne Tag und Nacht,
damit du deinen inneren Gedanken:
den grausigen Logos-Ton, nicht hörest.
Und draußen vor den grünkristallnen Scheiben
sinkt die Sonne kupfern unter.
Die Blume schwankt immer – Jene pochen
schlummerlos an dein gequält Gehirn.
Sie pochen – pochen. Jetzt schon vierzig Tage.
Aber einmal werden deine Sklaven müde,
ihre Arme fallen bleiern in der Nacht,
an einem Morgen in der steinernen Dämmerung
zertrümmern sie dein schmachgekröntes Haupt.
Und jetzt aus deinem Haupte kriecht hervor
eine Fliege, leibgeschwollen wie ein Sperling.

Sie hinkt auf einem Fuß übers Kissen.
Ein Flügel schleift lahm.
Ein Auge glast blind.


## 19

Es giebt den Palast; den Fernen.
In seinen Hallen wohnt der Donner;
und draußen stürzt der Regen in das Meer.

Es giebt einen Saal im Palast.
Den Unbetanzten; Tonlosen.
Drin haucht einsam frühe Größe;
Bewußtlose.

Es schwebt im Saal; es glänzt in Schleim;
es glänzt und herrscht dort eine Sonne.

Willst du dich nähern jener fernen Sonne,
so lieg' in eine Kammer des Palastes.
Dicker Staub auf den grauen Dielen,
du deckst ein Tuch über deine Augen,
es schreitet namenlose Zeit an dir vorüber
und redet tieferschüttert.

Von deinen Fingern ziehe die goldnen Ringe,
die Diamanten und Opale,
auf dein Haupt, auf deine Hände
häufe dicken Staub.


## 20

Wann das Leben dich tötet,
lausche meinem Gesang.

Ich komme auf dich zu aus einem dunklen Gang
und trage ein glänzend Herz in den Händen.
Du mußt dich nicht wegwenden:
Schaue mich an.


## 21

Du siehst in mir den Gramzerfurchten,
den der Mond bescheint.
Doch fühlst du's nicht, wie zauberhaft das thut,
wenn das Licht in meine Furchen weint.

Und stehst auch nicht den Kranz von Eisgebirgen,
mein Marmor-Haus in seiner Mitte,
die Purpurvorhänge der Fenster.
Wann der Tag sinkt,
wird waches Licht mein Geist;
der Finsternis enthoben
schreit' ich entlang der weiten Fensterreihe
meines Höhen-Hauses
im Mondglanz.

Dicht vor den kristallenen Scheiben
grünbläulich überflutet
steilt die Eisgebirg – Welt
rund um mich empor und blüht.
Hier mitten drinnen ist mein dunkel Haupt:
Eisgebirge sind sein Blütenkranz.

*

In erhobener Hand
halt' ich den Kelch
monddurchglänzter Flut.
Ich trinke ihn aus!

**22**

» – Denn nur Melancholie, dämonisch denkende,
kann dich befreien« –
So sprach zu mir der schwarze Geier,
der ernst und träumend saß auf meinem Lager
an einem Abend, da ich heimkehrend
auf der Mondlichtwiese
die schimmernde Decke meines Zeltes aufhob.

»Dämonisch denkende« – ich sprach es leise
dem Vogel nach, und ließ den Vorhang fallen.
Wohl lebte ich viele Jahre dem Gedanken.
Ich sah ihn oft in urweltlicher Schönheit
als glühenden Feuerball herschwebend zu meinem
Haupte,
wann ich ins hohe Gras mich niederbückte,
wann ich die farbenwilden Blumen pflückte
vor meinem Zelte auf der Mondlichtwiese.
Ich war sein Dämon; doch er nicht der meine.
Ich habe ihn verführt, genossen, und zerstört.


**23**

Hier in der Hütte
fand ich Traum, fand ich Nacht-Feuer,
eine dampfende Zecherschale –

– Und draußen liegt ringsum ein endlos Schneeland,
von sieghaften Gestirnen überglitzert,
und schaut mit Augen, großen, durch die großen
Scheiben
in die Hütte –

Das ist die Stunde.
Die tausendjahrelang erharrte Stunde.


## 24

Der du die Welt umwandelst jede Nacht.
O Feuer, ich sah dich rastend am Ufer eines großen
Meeres sitzen,
auf schroffer Kreideklippe, hoch, da lag dein Haar
rot gebreitet hinter dir über dunklen Fichtenwäldern,
singend, und dein Gesang strömend die Klippen um-
glutend.
Vom Monde beglänzt dein urtraumtiefes Profetenant-
litz.

Tief unten Ich: Auf dem Rücken der kühlen Schaukel-
woge.
Träumend, beglänzt, und weit geöffnet: hinauf zu Dir.


## 25

Als ich erwachte, atmete das Meer
und blickte in den Mond. Bei mir im Boot
saß hoch ein Schatten. Einen silbernen Helm
auf dem Haupt.

– Ich griff nach ihm, ich griff
in leere Luft. Und meine Hand erschien
im Wasser nachgespiegelt, ganz in Silber.

Ich sprach: Du bist so kalt und klar,
es fließt dein Blut in Silberadern,
es schießt die Möwe frei durch deinen Leib,

du wohnst auf glattem Spiegel hier im Mondlicht.
Du willst und hoffest nicht. Du rührst dich nicht.

Er sprach: Du bist so grausig göttlich,
voll ringender Geburten, und ist dein Antlitz
zermalmt und ausgebrannt von Gier und Wahnsinn,
du wohnst in Abendlandschaft, überschüttet
von wüstem Traum-Gestein und großen Spinnen.
Du träumst und stürmst. Du lebst.

Und danach lehnte sich der Schatten zärtlich
an meine Brust. Ich fühlte kühl am Haupt
den Silberhelm.


## 26


In Booten liegend. Und die Boote schwankten
und stießen mit den Kielen aneinander.
Die Ruder schlappten im Nacht-Wasser.
Und unsre Häupter lagen auf dem Bord,
groß, wild, und einsam,
und Augen glänzten überm gurgelnden Wasser.
Und Manche schliefen nach so langer Meerfahrt,
nach soviel glanzgestirnten Nächten,
jetzt nahe einer unbekannten Küste.
Wir aber, wir, wir Tiefsten, Schlummerlosen,
wir blickten in der Richtung einer Stadt,
die prachtvoll nackt am Strande sich erhob
mit Türmen und Palästen, hellerleuchtet,
mit wandelndem Volk auf weiten Marmorplätzen.
Die mir gefolgt durch die Gedanken-Meere,
und ich, ihr träumender Dämon:
Wir schauten glühend und begehrlich lüstern
hinüber in das greifbar nahe Land der Menschen.

## 27

Wir Männer standen schwarzgekleidet in den Booten,
wir fischten auf den dunkeltiefen Teichen
am Fuß des feuerspeienden Vulkans.
Wir standen aufgerichtet, die Blicke
niedergewandt zum Wasserspiegel.
Unten sahen wir in unsre Netze
glühende Feuermassen fliegen;
oben fühlten wir um unsre Häupter
den heißen Atem des Vulkans.

Und wir, die wir gelebt jedwedes Leben,
und ausgeschlürft die Becher der Gedanken:
wir wußten uns jetzt nah dem heißen Schlünde
des großen Glückes.


## 28

Es wölbt sich über mir die dunkle Halle
des alten Hauses.
Es schwebt hochoben sanft verhüllt die Ampel;
eine Feuerkugel im Gewölk.
Ich bin die Musik der Welt. Und wenn Musik
einschlafen könnte – ja, dann schlief' ich ein.

*

Es kreisen um das Haus die Albatrosse.
Die weißen Schwingen schimmern durch die feuchte
Nacht;
es fällt auf sie ein warmer Regen.
Und viele liegen auf dem Dach und ruhen.
Ich höre, höre ihre Atemzüge.
Ich höre das Meer, die Geliebte. Die Geliebte.

*

Es wölbt sich über mir die dunkle Halle
des alten Hauses.
Es donnert,
es saust;
es treibt das Welt-Szepter auf brausenden Wogen.
Und ein Riese steht hinterm Ozean
mit hochgehobener Brandfackel,
seine dunkle Steinhand faßt über Wogen
nach dem Szepter, dem Unfaßbaren. –
Ich hielt es einmal in meinen stillen Händen.
Zwischen zwei Marmorsäulen stehend
erkannt' ich die Vollendung der Zeit.
Doch war ich selig im Geist
und bedurfte der Macht nicht mehr
und gab das ewige Szepter seinem Element zurück.

Es wölbt sich über mir die dunkle Halle
des alten Hauses.
Seliger Geist bricht aus meinem Herzen
und überströmt die Welt mit Freiheit.


**29**

Weht der Wind nicht leise
über die Welt dahin?
Eine Wolkenweise.
Über mein Herz dahin.


**30**

Schlafend trägt man mich
in mein Heimatland.

Ferne komm' ich her,
über Gipfel, über Schlünde,
über ein dunkles Meer
in mein Heimatland.

**Weib**

# Umarmungen

# Schöpfung

## II

### 31

Kennst du den Übergang vom Er zum Ich?
Berührte er dich?
Er wurde in mir immer dringender,
immer zwingender.
Wie kalt die Luft! Voll ziehender Wolken!
In grauen Schleiern flammte der Vulkan.
Und Er trat zu häupten meinem Lager;
und war ein trüber Wortesager.
Er schritt so groß an mich heran;
Ihm folgte als Mantelsaum der Ozean.
Um sein Haupt das Diadem der Sterne;
so sah ich Ihn in meiner Kindheit gerne.
Aber dann wollt' ich allein sein
und wandte mich ab und schlief ein.
Da durchbrach ich die letzten Schranken
und fand mich erwacht auf Himmelwiesen;
und die Blumen, die bei mir blühten, hießen
»erste Schöpfunggedanken«.
Es saß bei mir ein junges Weib, und sang.
Eine fremde Göttersage.
Ein graues Altertum vergangener Tage.
Zuweilen kam ein Wort, das mich bezwang.
Ihr Auge war tief träumerisch verirrt.
Und der Mund wie in ein Netz verwirrt;
der schien noch zu hängen
zwischen alten dunklen Zwängen;
als stünde ein Dritter unsichtbar im Hintergrund,
überschattend den ringenden Mund;
dann wieder schien er sich durchzubrechen,
um das freie Glanzwort auszusprechen.
Da leuchteten die Sterne-Nächte!
Manche Glut, und wilde Purpurprächte.

Und zwischen den Gesängen, die jetzt kamen,
erhob sich immer deutlicher mein Namen.
Silberne Wasser, die plätschernd über uns zusammen-
schlagen!
Und wir versanken in seligen Schöpfungtagen.
»Weib, Wen meinst du?« flüsterte ich leise ...
Und sie lächelte den tiefsten Blick der Liebe.
Und sie krönte mich mit einem ersten Blütenreife.
Und da ward das klarste Wort gebunden,
das ich hier nicht sage,
weil ich Keinen so heilig je erfunden,
daß er Solches in der Seele trage;
weil mir die Menschen wie Flimmer sind entschwun-
den
in der Seligkeit der blauen Tage.


## 32

Gott ist vom Schöpferstuhl gefallen
hinunter in die Donnerhallen
des Lebens und der Liebe.
Er sitzt beim Fackelschein
und trinkt seinen Wein
zwischen borstigen Gesellen,
die von Weib und Meerflut überschwellen.
Und der Mond rollt über die Wolkenberge
durch die gestirnte Meernacht,
und die großen Werke
sind vollendet und vollbracht.


## 33

Trinkend hatt' ich erharrt
deine Gegenwart.

Und nun du eingetreten,
ist Alles schön und stille,
du und deine feierlichen Reden,
lächelnd ruht mein Wille.

Du und dein Sammt- und Sternekleid.
Ich und meine schaffende Vergangenheit.

Und ich bemerke wein- und glutselig:
Die Krone, die um deine Schläfen blitzt und dämmert,
Hab' ich vor tausend Jahren zurechtgehämmert.


## 34

In dieser mitternächtigen Zeit
wirft mich zu Boden große Seligkeit,
so daß ich alles Geschaffene schaue,
uferloses Meer, das wilde, blaue,
Mond und Sonne im Auf- und Niedersteigen
mit Posaunen und Geigen.


## 35

In einer Nacht
sah ich alle Gewänder fallen.
In den Donnerhallen:
da saß das Weib, nackt bis zum Hals geschürzt.
Ich hab' Wein hinuntergestürzt
und dröhnend gelacht.
Und war über mir kein Dach mehr.
Ich sah die großen Himmellichter fliegen.
Und ich durfte Alles niedersiegen.
Ich hob das Meer und sein Gebraus,
und setzte es an den Mund, und trank es aus.

Ich wurde ein Abgrund,
drin Mond und Sonne auf- und niederreigen.
Und sank aufs Bett. Ich schlief.
Da sah ich viele Sterne niedersteigen.

Ein Baum in dunklen Zweigen
senkte sich tief.
In seine Schatten trat ein Glanzgestirn,
seliges Gesicht, und sang.
Und stand an meinem Lager. Jahrelang.
Zu Zeiten
sah ich Vater und Mutter erscheinen.
Mir die Kissen bereiten.
Sie legten heiße Hände auf meine Stirn.
Ich sah sie glänzende Tränen weinen.
Ich sah mich selbst: auf meinem Linnenlager;
starr; kalt; hager.
Und über uns ein Baum in dunklen Zweigen.
Und in dem großen Schweigen,
ewigkeitenlang,
stand neben mir ein Glanzgestirn. Und sang.

## 36

Stürz' ein, o Seele, und erwache im Chaos!
Auf der Felsklippe gelagert
ruf' ich, schroffer Adlerschrei,
eine wilde Welt herbei.
Aufschwillt ein Meer,
wälzt seinen Brand an meine Füße schwer.
Öffne die Flügel frei!

Und mitten, hoch! über die schäumende Flut,
in ersten Schöpfungtagen,
und Feuermäntel umgeschlagen,
seh' ich Vater und Mutter ragen.

Ich höre sie tiefes Geheimnis sagen.
Und wieder verschlingt sie die träumende Flut.
Und die träumende Flut hebt an zu singen,
und ungeheuer wird das Meer,
und wieder Vater und Mutter, die bringen:
als brennende Türme,
lächelnde Stürme:
Mond und Sonne auf den Händen her,
aus der Tiefe, der Singenden,
herauf zu meinem Fels, dem Klingenden –
Es wird ein seliger Verkehr.

## 37

Einen Strauß wildfunkelnder Blumen
streckt eine Hand von hinten
über mein verhülltes Haupt.
Ich sitze groß im Nachtschatten
einer dicken Riesenmauer.
Tief, an meine Füße, wogt das Meer.
Milliarden goldener Fische
drehen sich drin im Tanz.

Es glänzt bis ganz hinaus,
ganz hinaus in die Nacht. –
Und flüstert.

*

Oben, über mir
auf endloser Mauerhöhe,
beginnt eine Posaune zu blasen.
Sie quillt ganz auf.
Drin in den Tonwogen
steht Einer.

Was der ist, bin ich auch.
Doch bin ich nicht so hoch oben.

*

Er ist so hoch oben.
Wenn ich hinaufzudenken versuche,
schrumpft das goldglitzernde Meer zum Teich.
Ich will nur Eines noch:
Ihm ins Antlitz schauen.

*

Ich glaube. Er denkt immer an mich.
Oben über mir
denkt er immer an mich.
Er ist so hoch oben,
daß er nicht mehr schaffen kann.

Er denkt immer, immer
an meiner Hände schöpferische Macht.

*

Im Nachtschatten der Mauer
betracht' ich meine Hände.
Mond und Sterne eilen jubelnd herbei
und leuchten dazu.
Mein Herz braust in strahlender Seligkeit,
da ich meine Hände erblicke.

## 38

Lange lebte ich neben den Brandungen
asiatischer Meere. Im blumenlosen Gebrause.
Dort stürmte Geist in gewaltigen Ton-Hallen

dröhnend aufgebaut, dröhnend eingestürzt.
Um meinen Scheitel spielten Welt-Schöpfungen,
in meiner Herz-Höhle harfte die Zeit.
Meine Hände ruhten im Sturm-Schoos der ewigen Mut-
ter.
Nächte: ein einsamer Stern im Wasser-Schleier!

Kam einmal Einer: Meer-Anwohner
von jenseits der Brandung: mich zu schauen:
So hielt er vor einer Mauer gelbgrüner Steil-Wogen.
Sein Antlitz: Klippe; Schaum.

Jeder von uns griff zur Trompete.
Wir verstanden einander durch Trompeten-Signale.
Denn hier endete die Rede.
Hier zerbarst das Wort.

## 39

Die Tiere des Meeres stiegen auf den Strand.
Ich lag auf dem Strand im Schlaf und sah ihre Bilder;
sie schwammen weltgroß frei in meiner Seele:
für sie ein neues, ewigeres Meer.
Und es trieb in diesen Gewässern
eine glühende Sonne, und das war mein Herz.
Und ich sah all' die wundervollen Tiere
mit ihren leisen scheuen Händen,
mit zaubervollen Lippen
an mein glühend Herz rühren.

## 40

Ich saß am wildgewordenen Meer, und zechte:
ich saß in einer Säulenhalle, trinkend

im kalten Morgen.
Vor meinen Augen lag die Sonne auf den kahlsten Wo-
gen
im Aufgang furchtbar stechendweiß und neu.
Vor meinen Augen stand mein Sohn
nackt im wilden Meer, ich sah den Leib
schmerzhaft verzerrt sich drehen im harten Chaos-
Licht,
ich sah ihn weinen und die Hände ringen,
ein Ton entfuhr ihm, tierisch ungeheuer –
doch der Ton fuhr göttlich auf
im schwebenden Triumphgesang des Vaters,
des frühen Schöpfers und des seligen Zechers.


**41**

Ich saß in einem Nachen, ich trieb
auf niebefahrenen Gewässern.
Das machte mich sehr selig,
ich konnte mein Herz nicht mehr bändigen,
es entfiel mir, fiel in die Gewässer.
Und drunten in den Tiefen begann jetzt sein Glanz.
Hinabgebeugt über den Kiel
sah ich den fernen Glanz eines Planeten,
der wuchs ungeheuer, und gewann die Allmacht.
Und also saß ich in dunklem Mantel
über einem Licht-Ozean,
ich war heilig über Tiefen,
ich hörte das Getöse des Weltalls.


**42**

Meine Jugendzeit.
Ich war nicht Haupt und nicht Hand,

ich war ganz Feuer, Glut und Brand.
Ein Wagen rollte über die Wogen,
hingestreckt lag ich bewußtlos drinnen,
nur das Brausen des Meeres drang zu meinen Sinnen,
und die grauen Tiere, die mich überflogen,
groß wie frühe Morgenewigkeit.
Und der Glanz dann unter den spritzenden Räderbo-
gen.

*

Ich lag in ungeformten Schöpfungstürmen.
Noch war kein Gewölbe aufgerichtet.
Mein Auge ins tiefe Innere gerichtet.
Ich hörte die schweren Wogen des Geistes
brausend an unsichtbare Küsten stürmen.
Manchmal: ich wußte, meine Lippe glänzte.
Manchmal: ich fühlte, wie mein Augenlid sich hob.
Dann sah ich einen brennenden Scheiterhaufen;
hochdrauf ein nacktes Weib in Posaunenpracht.

# 43

Über dem Welt-Meer, über dem Wonne-Meer
auf weitgewölbter Brücke licht im Himmel:
Ich liege, ich lausche einem Gesang.
Es zieht ein Schiff tiefunten auf dem Meer,
es ruht ein nacktes Weib in Wind und Klang.
        Es liebt mich sehr
        Swedja, die Blüte.
Die einst von meiner Brust ins Weltall fiel:
        meiner Träume buntes Spiel
        Swedja, die Rose.

**44**

An grüner Wildnis abgeschwommen,
durch das glänzende Meer gekommen,
große Lichter hingen über dir,
dein nackter Fuß trat auf die glatten Klippen,
bis dein nasser Leib war bei mir,
bis dein Namen in meiner Seele war.
Grünes Wasser stürzt aus dem rauhen Haar,
nun dein Haupt auf meinen Armen ruht,
meine Hand auf deinen großen Lippen.
Ah, ich weiß, das thut dir Wilden gut.


**45**

Am roten Zelte;
silbern spritzt der Wein.
Und du bist mein!

Auf meinem grünen Sofa gefangen weißes Wild,
drei Schritt vor mir – ein Sprung: ich bin gestillt.

Drum ist mein Haupt weich zurückgelehnt.
Und die Glieder selig hingedehnt.
Und mein Hirn voll neuer Werke.
Und meine Faust voll Meisterstücke.


**46**

Abendbeisammensein.
Du trägst die Lampe herein,
und Wein,
und holst den Kasten,

und spielst auf der Geige
Alles, was ich verschweige.

Und drängst dich selig in die Welt hinein.
Und drängst mich aus der Welt hinaus
in Anfang und in Urgebraus.

Ich liege über den finsteren Gewässern,
gehüllt in wogende Wolkenmassendünste,
meine Seele schafft in fürchterlicher Brunst die Him-
mellichter.

Ihr seligen Gestirne
über meiner dunklen Schöpferstirne,
zieht glänzende Kreise,
singt mir Schlaf mit einer Kinderweise.


# 47

Steh' auf, zünde Licht!
Denn es entstand ein glühendes Gedicht.
In meiner Seele stürmen noch die Meere
        der Nacht,
es leuchten noch die Speere
        der Schlacht.

Und an mein Lager, liebes Weib.
Nun will ich dein gedenken,
in deinen dunklen Leib
all' meinen Glanz versenken.

## 48

Ein Entwurf für eine neue Welt:
Ein einzig fernhin ungeheuer Schneefeld,
mitten ragt steil ein ungeheurer Turm,
drin droben im gläsernen Turmgemach
ein Weib, prachtvoll in rotem Flammenhaar,
das beleuchtet durch die kristallenen Scheiben
hinunter über den Schnee die Welt.
Das kann so ewig bleiben.
Aber Einmal in jeder Ewigkeit
stapft ein felsenhoher Mann
von der Welt Enden
     mächtiger Schritt – heran, heran,
heran und in den Turm hinein,
da werden droben die Läden geschlossen
von großen zarten Händen:
zu dieser Zeit ist Finsternis
über der Welt, nur ein rötlicher Streifenschein
leuchtet durch einen schmalen Ladenriß –

Und hoch über Allem, daß jeglich Blut gerinnt,
häng' ich als wüste kosmische Träne,
die über die Ewigkeiten sinnt.


## 49

Es ist lange her, o Liebe.
Und meine Seele begehrt nach dir.
Ich möchte mich über dich beugen.
Und du bist nicht hier.

Ich will die ganze Welt neu zeugen.
Und dir lächeln wie am ersten Tag.
Du sollst jung werden, so jung dein Herz mag.

Du sollst werden, was dein Herz mag.
Ich will dir die Birke schenken.

Und ich will Alles neu machen.
Es soll keine blaue Wölbung mehr zerkrachen.

*

Du Einzige, die mich verstand!
Die meine glühenden Verbrechen
selig verwand.
Die meinen tiefen Schöpfergram
ins Heilige gemildert
in ihren Geist hinübernahm.

*

Kehre zurück aus den strahlenden Wassern.
Kehre zurück vom Mond.
Kehre zurück vom blauen Gipfel des Gaurisankar.
Kehre zurück aus der Morgenröte.
Aus der Wüste.
Kehre wieder.
Kehre wieder, du Feuchte,
liege wieder bei mir.
Du, Du einst im Anfang.

*

Ich hab' die Welt an meinem Leib zerdrückt,
alle Sterne aus der Bahn gerückt,
mit flackernder Hand
steckt' ich meine Herrlichkeiten in Brand,
deine Brüste hab' ich überall gesucht,
und Alles zerstört und Alles verflucht –

Kehre zurück vom blauen Gipfel des Gaurisankar,
lösche meinen brennenden Gesang,

liege wieder bei mir.
Du, Du einst im Anfang.

*

Keine Antwort mehr.
Erinnerunglos schweigt Alles ringsumher.

Nur das Meer, das Meer
erinnert sich noch manchmal meiner.
Da lieg' ich am Strand,
lasse die Hand
von der Woge spülen.

Das ich früh in Jugendglut gebar,
du Wesen wunderbar,
mein Herz wird alt und schwer.
Mein Kind, mein Meer,
lange, lang ist's her.

*

Da spülst du bunte Muscheln an den Strand
zum Spiel für die alte Schöpferhand.
Und so ruhend Hand in Hand mit dir
fühl' ich das Unvergängliche in mir.
In blauer Luft der Adler schreit.
O feuchter Wind! o kühle Zeit!
Ein spielend Kind,
ein Kind mit uferloser Vergangenheit.
O Lächeln, das aus meinem Menschenherzen fließt
und sich in tränendem Gesang vergießt.
Du Glut und Pracht!
Du meine Schöpfermacht!
Du Meer! Du Sonne! – Adlerschrei! –
Und immer die große Melodie dabei.

## 50

Ich irrte auf dem Strand, bedeckt mit Muscheln.
Eine Frau schritt hinter mir
mit offenem Haar und wundersüßem Leib.
Sie weinte. Ihre Tränen fielen
als schillernde Perlen in die offenen Muscheln.
Ich lächelte, da ich es sah – traumhaft
schlug mein Herz als Welten-Uhr.
Ich bückte mich nach einer Perlenmuschel,
die Frau berührte mich mit ihrem Leib –
knieend blickte ich auf:
Die Welt war Traum, und alle Muscheln bebten,
golden leuchtete das Haar des Weibes.


## 51

Du Schiff, das mir vom Horizonte naht
über ein Farben-Meer, mit wilden Schimmern
auf kristallnen Wogen hochgehoben –

Du drehst dich jetzt im Schlummer, Fantasia,
auf deinem Lager. Und dein Antlitz lächelt
mir einen neuen Meer-Gott in den Geist.
Du schlummerst fern im Boot, mein herrliches Weib,
dein Haupt ruht schön an Bord, es treibt dein Haar
auf den Wassern – und dein nackter Fuß –
dein Knie – dein Schoos –

Eine Rose über Bord, ins Meer –
o Fantasia! nackte Göttin! –
du treibst mir zu auf wogenden Silberschäumen –
entgegen meiner weltgespannten Hand –

Sie saß dann dicht bei mir in einer Sänfte.
Nichts hüllte ihre weltengroße Nacktheit.
Nur ein breiter goldener Schlapphut
ruhte auf dem Haupt dem seligstillen.
Und ruhend ganz in Geist
sah ich hinaus in die hellste Steppen-
Wintermondnacht,
man trug uns hin an schäumenden Bergwassern,
zwischen eisig glänzenden Hügeln.
– Jemand sprach: »– wie frei ist alles Leben.«

# Plejaden-Gott

# Vogelsang

# Seliges Alter

# III

## 53

Plejaden-Gott: du legtest dich zur Ruhe
mitten in die Glut deiner geliebten Gestirne.
Während du schläfst, drängen sich die Welt-Geister
um dein Lager, sie bestaunen dich,
schütten noch die Gluten fernerer Sonnen
über dich aus, dich zu glückseligen.

Derweilen wandre ich auf der grünen Erde.
Ich sammle die Blumen und die sanften Schilfe
an Wasserfällen und an stillen Weihern.
Jungfrauen stehen hoch auf Felsen,
lächeln herab, und segnen,
da mir Müdigkeit hellschäumenden Frühlings
hold, hold die Lider schließt.

Und wir Beide träumen voneinander.
Aus deinem Traum reckst du Hände
hin nach dem grünen Blattwerk meiner Erde:
möchtest die Wasser schöpfen, möchtest die Moose
sammeln,
möchtest Nebelwölkchen umarmen.
Die Schmetterlinge!
Die schwankenden Baumwipfel!! – –

Ich sitze schlafend unter einer Buche.
An mein Herz pressen meine Hände
einen Strauß der bunten Passifloren;
bis sie plötzlich von der Erde sich lösen.
Du Leuchtend-Ferner beugst dich über mich.
Es wird aber jetzt die Seele von deinen Blicken
ganz durchstirnt, ganz durchgefunkelt,

sie ist Flammen-Trägerin der Geister,
und verflicht sich in das Haar des Morgensterns.

Wunderbar vermählt sich alles Welt-All:
Der Plejaden-Gott und der Held der Erde.


## 54

Hier im Thal der Thale,
hier im Hain der Haine,
unter kühlen Eichen, Ahornbäumen:
Alter Vater, steht dein Grab.

Vater aller Menschen,
Vater vieler Völker:
Sommer ist, es glüht die Zeit der Rosen,
herrlich schlägt die Nachtigall.

Hier bei dir zu lagern
mit Gesang und Tänzen,
kommen wir aus ruhelosen Landen.
Festlich nimmt uns an dein Grab.

Pauke tönt und Geige
vor den Wander-Zelten.
Frauen drehen sich im Anmut-Reigen,
Kinder, Greise, um dein Grab.

Ist ein kurzes Rasten
und ein schnell Verschwinden.
Nach uns eine Herde wilder Rosse
weidet dann an deinem Grab.

Du wirst weiter leben,
wenn wir alle gingen.

Unter alten Eichen, Ahornbäumen
sommer-glüht und -blüht dein Grab.


## 55

Wegen des Schattens und Duftens dieser Haine.
Wegen der Quelle, die hier fröhlich springt.
Wegen dieser Myrten, dieser Eichen:
Möchte ich leben, möcht' ich leben.

Wegen der Herde werdend in diesem Thale.
Wegen der Jungfrau, die hier sitzt und sinnt.
Wegen dieser Wolke weiß im Blauen:
Möchte ich leben, möcht' ich leben.

Wegen des Pilgers hier auf diesem Pfade.
Wegen der Fische in diesem klaren See.
Wegen des Zitterlaubes auf diesen Büschen,
und wegen des Abend-Regens, der jetzt säuselt:
Möchte ich leben, möcht' ich noch leben.


## 56

Alles ist hier.
Hier sind Berge, sind ziehende Wolken.
Viele Seen, weite Frucht-Ebenen.

Alles ist hier.
Wälder, Wald-Wiesen, liebliche Weiden.
Thäler voll Vogelsang.

Und hier steht mein Zelt:
Bei einem klaren Brunnen
rein erbaut aus Element:

Aus Äther, Meer, aus Licht;
aus Geist des Menschen.
Da wehen die Winde.
Veilchen und Tulpen beblühen seinen Strand.

Drinnen sitze ich nachts.
Dann ruht die Mond-Sichel
silbernfromm auf meiner Schulter.
Bei mir sitzt die himmlische Tänzerin.
Vollendet ist die Zeit in meinem Herzen.
Draußen ist der Gesang aller Sänger der Welt.


## 57

Vor mir auf dem Halse des schreitenden Pferdes
ruht sich ein Zitronenfalter.
Ich sehe: er hebt, er senkt Flügel-Geäder.
Genuß der Welt: er ruht.

Schießende Schwalben!
Mein Leben geleiten rechts, links Jungfrauen-Birken.

Jetzt reiten wir ein in einen Eichenwald,
bewohnt von purpurblühenden Rhododendron.
Es springen mir entgegen zwei Kinder-Quellen.
Nachtigallen-Schlag. Gezwitscher der Finken.
Meine Krieger schmücken sich die Helme
mit Blüten-Sträußen. Manche finden auch Veilchen.
Einer hat am Wams Maiglöckchen.
Ich bedeute dunkelrote Anemonen.
Heitere Hörner. Gesang.

Immer bin ich ein Lauscher.
Einer, der horcht. Vielleicht Einer, der träumt – ? –

Hinter mir, auf weißem Zelter reitend,
folgt mir nach ein Weib: schwarz in Trauer.
Sie ist schön.
Ich höre in einem wunderbaren Traum
zarte, lichte, silberne Klingelglöckchen
an der Seide-Decke ihres Sattels läuten.
Immer bin ich ihr Lauscher.

Es verläßt der Zug die Waldumkränzungen.
Letzte Platane. Die letzte Silberpappel.
Ich reite längs der Brandung eines Meeres.
Ich reite durch das Brausen auf Gebirg-Höhen.
Ich reite durch Einöde. Ich reite durch Klippen-
Landschaft.

Ich durchreite die alten Königreiche,
die wüste liegen; vorüber zertrümmerten Tempeln;
vorüber Felsentreppen; verfallenen Zisternen;
Lagern von Raubtieren.
Droben im Nebel Gesang der Kraniche.
Es jagen frei Rosse an den Horizonten.

Nachts beleuchten oftmals unsern Zug
brennende Städte, glutende Getreidefelder,
glutende Baumstümpfe, aufflammende Hütten.
Rechts und links in den züngelnden Glut-Winden
stehen viele Flucher; knien Beter;
ringende Verdurstende und Sterbende;
lachende Wahnsinnige. Selbstmörder.
Trompeten-Geschmetter meiner Krieger!
Droben sind oft die guten, die ziehenden Wolken.
Und immer in den blauen Fernen beschließt unsern
Zug
die Kette der ruhenden, glänzenden Eis-Gebirge.

Immer bin ich ein Lauscher:
als klängen die Sfären.
Ich lausche den zarten lichtsilbernen Klingelglöckchen
meiner traurigen Geliebten.

Mein Herz ist hold.
Mein Herz ist sanft und schön bewegt.
Die Reiche der Erde, die Meere, die Gestirne –
die Abend-Sterne, die Morgen-Sterne,
Ruhm und Ewigkeit,
All-Licht, All-Blume, aller Thau,
die Liebe,
der Mond:
Fließen vor mir zusammen in ein Auge.

Fließen zusammen in das strahlende,
das tränenfunkelnde Kristall-Auge
meiner traurigen Geliebten,
das zwischen wogenden Kriegerhelmen,
das zwischen Speeren ewig vor mir herzieht –:

Dem ich Glückseliger ewig nachziehe.


## 58

Aus dem Himmel sank ein Schleier
über das Haus.
Hüllte Dach, Thor,
Fenster, Wände.
Seine Säume treiben auf Wogen der brandenden Meere,
seine nachtgoldenen Quasten
haften im Geklipp, sie werden benagt
von den Haien.
Schiffe segeln ihm entlang,
zu erforschen das Geheimnis:
keines durchbricht diese Mauer.

Ich sitze im Haus. Am Tisch vor strahlenden Leuchtern.
Nie vorher hab' ich sie erblickt.
Ich habe sie nicht entzündet.
Sie sind Geschenke großer Mächte.

Ich höre draußen rufen:
»Es ist die Zeit, o Richter unserer Jahre,
auf den Höhen der Berge,
komm hervor zu den Lebendigen,
in den Duft unserer Linden,
dein harren ungethane Werke,
die Wahrheit will dein Wort,
die Schönheit dein Bild –«

– Gewaffnete harren mit gesattelten Rossen;
viel Volk, mit Trommeln und Trompeten –

Wie ist das weltenvoll: So hier zu sitzen!
Es lebend: wie ein Leuchter auslischt.
Derweil draußen Völker kämpfen in Sand-Wüsten,
und an Eis-Polen.
Die Sieger sind lange verstummt, deren Nachfahren tot.
Es wechselten die Geschlechter der Erde.
Ihre Heilande starben an den Kreuzen.
Die Liebe von Mann und Weib hat sich verändert:
umformten sich die Kristalle der Augen
und brechen anders das Licht.
Wohl ruhen noch Paare auf Wiesen im Frühling
unter babylonischen Weiden.
Aber die Wälder tragen anderes Laub,
unirdisch ist dieser Frühling,
wo sind die Drossel-Lieder,
wo sind die Veilchen, die lieblichen Primeln,
man sieht keine Lilien auf dem Felde,
wo sind die Tage am blendenden Ätna,
die Gluten ziehender Flamingos am Azur-Himmel,
die Mittag-Wolke über den Eis-Gipfeln von Zermatt.
In Schluchten lagern dunkel verpuppte Wesen,
die Tiere sind eins geworden mit den Pflanzen.

Ein zweiter Leuchter erlosch. –
Rufer, einst geeint mit meinem Namen,
fernten sich blind in hauchlose Räume.
Sais ist tot.

Jerusalem vergessen tot.
Der Knabe Hylas tot.
Sternbild Perseus zersunken tot.

Wieder ein Leuchter erloschen. –
Ums Haus sind die Anstürme ätherischer Meere,
Feuerflammen rauchender Länder,
ewiger Gewässer Überwogung.
Drin treibt ein Nachen, drin sitzt eine Sängerin.
Gestütztes Haupt; sie träumt von Aeon,
und singt meine Sage.
Da tropft Gold aus den Augen lauschender Dämonen
auf den Schleier über mir. –

*

Unbewegt horcht Stille.

*

Bis nach Erlöschung aller Leuchter
– nach Umdrehung finsterer Ewigkeiten –
wieder einmal einer sich entzündet.
Ein Morgen dämmert auf. Ein Traum hebt an.
Da singt ein Harfner,
ein Windhauch streift lebendig mein Gewand.
Neben mir öffnet purpurne Glocken
eine gigantische Blume.
Und junge Geist-Macht bebrandet die Gestade
meines erglühenden Lebens.

Auf einem Viergespann fährt ein junges Weib
nackt vorüber, und blickt durch die Scheiben.

Denn der Schleier ist verschwunden.
Die schöne Mutter in Sirius-Himmeln
blickt lächelnd nach dem Helden.
Sieht sein helles Haus:
davor hat der Welt-Geist drei Tannen gepflanzt.

Sieht ihn sitzen vor den verblaßten Leuchtern:
jung und sanft und zeugerisch.


Sie sieht eine Sonne sich schmiegen an sein Knie,
und Quellen entspringen zu seinen Füßen.

Oh Herz in ätherischer Blüte!
Um sein Auge versammelten sich die Geister,
sich drin zu schauen.


**59**

Und jetzt steigt vor mir die große Brücke.
Mein Roß stampft auf dem schallenden Basalt-Pflaster,
es will nicht weiter.
Ich halte und entzäume.
Befreit vom Funkelrubin vor deiner Stirn,
dem Goldgeplätte deiner Lenden:
laufe zur Wiese, zu deiner Heide,
zu Gras und Busch und Bach,
zu den Schwarzamseln,
zu den frischen kühlen Lüften,
zu der Quelle, unter die Schatten-Bäume,
davor die Mücken tanzen in der Sonne.

Brücke: Wer dich zeugte, war mein Vater.
Wer dich geboren hat, war meine Mutter.
Und ich habe, das Kind, in Urzeit-Tagen
droben auf deinem lichten Joch gespielt.

Morgens lächelnd, abends düster trauernd:
Brücke vor mir mit doppelten Türmen:
Steil schwebst du an, du hebst dich: in einen Himmel
über Abgrund Welten, die so tief sind,
daß nie ein Auge hinunter sah.

Drüben führt aus Strahlungen dein Gesenke
in Hoch-Zeiten, in Feste, in Tanz und Äther:
in die Glück-Hoffnungen, die unendlichen Zukünfte.

In den Pfeiler-Nischen sitzen Sängerinnen;
Ton-Gewaltige, die singen die Macht;
und die Sage der Gestirne.
Alles schwingt in Hall und Schall.
Einschläfernd! Daß mich Schlaf überwältigt –
mich steinern anlehnt an die Stein-Brücke.

\*

Ich höre einen Sturz-Regen aus Wolken.
Das Auge eines Tigers funkelt aus Wäldern.
Um mich treten Gebirge, lagern sich Meere.
– Du im Gewitter droben! –
Mein Haupt schläft zwischen den Blitzen,
meine Füße stehen im gespiegelten Äther.

Menschen lagern auf Dächern vergangener Städte,
in Persia, in Gräcia,
in verblichenen Gewändern
strahlend von Juwelen.
Sie schauen mir nach ...

\* \* \*

Aus einer Höhe:
Aus einer flimmernden Glanz-Höhe:
Aus strahlenden Spiegeln innerer Kristall-Höhe –:
Geister-Freuden-Ruf erschallt.
Zerrissenes Gewölk! Erschienene Sterne!
Ich! und wach! in Welt!
Hier steh' ich: auf hoher Granit-Klippe:
Schicksal-Klippe: Macht-Klippe.
Tief die Erde.

Tief die Brücke.
Tief das hallende Lied der Sängerinnen.

Freude der Plejaden
feiert im unermessenen Äther.
Die Erde füllt sich rund mit Tänzern,
Himmelauf schießt ein Farben-Blumenstrauß
in Gläsern, Kelchen, Kronen, Glocken;
darunter lustwandeln kristallhelle Geister.
Smaragdgrün beginnt ein Luna-Falter
himmelüber luftigen Flug.

Entfesselung des Geistes!
Alle, die sind, vernehmen meine Worte,
meine Gedanken in meinem Herzen:
Sie vereinigen sich: zum Zug
über die Brücke.

Voran im Wind eine goldene Fahne,
die Flatterin halten wunderbare Hände,
sie trägt ein unsichtbarer Geist.
Es folgen in Völkern anschwebend die Vögel des Him-
mels,
auf purpurnen Gold-Fittichen
mit sich führend Hoch-Äther-Bläue.
Es fluten heran die großen Brandung-Meere
im Trompeten-Schall, mit Pauken-Schlag,
haltend in gläserngrünen Häusern
tauchende Quallen; große Wale; Gewürme.
Es nahen die schweren, asiatischen Gebirge,
blendende Ararate, Himalaya:
unten dunkelblaue Raubtier-Forsten;
oben stille Höhen-Blumen-Welten.
Auf höchstem Silber-Grat klimmen zwei Wanderer
ins Abendrot. Eis-Nacht bricht herein.
Dann wirbeln sechs unnahbare Sand-Wüsten.
Zwischen ihren Gluten irrt die Verzweiflung
verwilderter Diamanten-Sucher:

Lasten strahlender Steine
gießen die Verbrannten hinter sich in die Trauer-Öde:
ins Chaotische Verlorene.
Es ziehen auf: die ländergroßen Wolken,
flimmernde Schnee-Stürme, und feurige Gewitter.
In sie einschreitend betritt die Brücke
Alexandros Abenteurer, der die Welt umarmte;
der nur einschlief neben Vulkanen.
Sein Schritt ist sieghaft, sein Haupt ist traumhaft;
er folgt innerer Musik.
Gestirne schweben ihm nach; Monde, und Sonnen,
immer eins aufgehend in des andern Untergang:
bewirkend Zeiten augenschließenden Glanzes.
Wann wieder Erdlicht dunkelt, wandelt ein Weib:
die schöne Semiramis:
jugend-nackt, in den Händen einen Spiegel:
drin beschauen sich blaue Augen,
Gold der Haare, rosa Brüste:
eine schön geründete Weib-Welt.
Hinter der babylonischen Dame
breiten Schaum-Vorhänge
sturzselige Wasserfälle.
Und jetzt klingen mächtige Walzerweisen,
es trommeln die Lüste, da posaunen die Wonnen,
da flötet himmlische Entzückung.
Sie sind da, der Menschheit gute Spielleute,
Beethoven führt sie auf und schlägt den Takt.

Anschweben die Schaaren der Sehnsucht-Tänzerinnen,
Durchscheinende in Silber-Schleiern
weisend, wonach das Herz begehrt.
Sie tanzen vor den Dichter-Denkern,
in deren höchsten Seelen-Augen
die Welt als Sinn-Bild ewigt.
Dehmel und Mombert kommen heran,
die führen ehrfürchtig am Arm eine Ur-Alte.
Riesin in verblichenem Sammtkleide,
vorgesteckt ein Veilchensträußchen,
schwarze Spitzenhaube auf dem Großhaupt;

an den Fingern die ägyptischen Goldringe.
Das ist Die, die Alles erlebt hat,
die alt ward auf Erden, alt in der Geschichte,
und nun das Eingeheimste mit sich fortträgt.
Was dann noch hinter Denen kommt, sind Freuden-
Feuer,
sind Leucht-Türme, zahllos, zahllos, riesenhaft,
sind Nacht-Wandler, sind Mitternacht-Schwärmer, sind
Ewigkeit-Träumer:
als ein letzter Geister-Jubel-Fackel-Tanz.


* * *


Von meiner Klippe lauschend:
Hör' ich Brausen, ein Dröhnen, ein Branden,
hör' ich Meere, Meere, Heere.
Sie wogen, sie schwärmen, sie ziehen auf die Brücke,
auf hinauf zum Joch,
sie ziehen über den Spielplatz meiner Kindheit,
wo noch meine goldenen Bälle liegen,
auch das silberne Kettlein, dran ich früh spannte
den himmlischen Löwen, den Stern-Widder und -
Steinbock.
Ich höre auch ein fernes Wiehern.
Aus letzten Räumen, von einer zurückgelassenen Wie-
se
voll Thau und Mai und Blumen,
das Wiehern meines Rosses,
das zurückkommt, mir stetig näher kommt.
Auf dem ich über die Brücke reiten werde:
hochauf, Held der Erde:
am Tag des Blitzes,
in der Stunde des Gesanges.

\*

Ich will zum Welt-Schlaf mein Lager breiten.
Denn der Vorüberzug währt – lange Zeiten.


## 60


In diesem seligen Welt-Alter,
das sich jetzt breitet über meinen Geist,
kann ich nicht bleiben in der tieferen Heimat.
Oh es ist die Seele voller Sterne
und hebt zur Höhe,
und drängt zum Aufbruch.

Die Hände sind wahre Wissende geworden,
sie lösen still das überwachsene Mond-Thor
aus seinen Myrten-Ranken:
früher Völker Pforte zu den Hoch-Ländern.

So Einer früge, wo ich geboren sei:
Ich bin ewig in meiner Heimat.
Schreitend durch das Quellgebiet der Wälder
zwischen schwarzverhangenen Silbertannen,
denen niederträuft ein duftendes Harz,
auf ins Reich der Felsen-Klüfte:
angefüllt mit wilder Blumen-Glut.
Ich steige zwischen blauen Schieferbergen.
Der Fluß stürzt sich aus seinem Safir-Himmel
in die Sonne-Regenbogen-Pracht.
Nachts flackert das Feuer Beleuchtung meines Hauptes;
derweil in den Kalk-Höhlen unter mir tropft
unterirdischer, ewiger Regen.
Ich übersteige Einstürze von Gewölben,
donnernde Erderschütterungen;
der Mond verzaubert den überhangenden Fels.
Dort schießen dampfende Quellen aus Spalten

in steilen Geysiren.
Ich dringe in die zuckende Gewitter-Wolke.
Orgelnde Wasser feiern meine Ankunft
durch Freuden-Stürze.
Anheben die wundervollen Übersteigungen
demütiger Felsen – Nacht-Durchschreitungen
frommer Ströme.
Lawinen grüßen heiter von hochoben,
mein Haupt beschauen sich die Silber-Hörner
strahlender Dome in blendenden Himmeln.
Ich steige an. Ein Wandern von Gestirnen
hintergeht die Eis-Spitzen zärtlicher Firnen:
jetzt erschienen, schon verschwunden
in Feier-Stille.

Ich komme an am übereisten See
zwischen Vier-Zinnen.
Gletscher umfärben Schnee-Hyazinthen
im Sonneschein. Es gaukelt ein Schmetterling.
Hier steht meine Zauber-Hütte,
in den Eis-Gehängen
umtönt von rauschender Musik.
Vor der ich das Blüten-Opfer bringe.
In die einziehend ich singe.
In der mir wird die Gabe der Weissagung,
die Gabe der Durchdringung,
die Gabe der Verklärung.

Sieben Tage. Dann öffnet sich wieder die Hütte –
ich stürme hinaus, tanzend! jubelnd!
Reicht mir den Becher, der das Welt-All heißt!
Niemand rühre mich an! ich bin ein Himmlischer.

Hinauf! zum Ort »Himmlische Freude« –:
eine Glocke schlägt an,
mit ihrem Klang meldet ein Pförtner
meine Ankunft der Höhe.

Auf! hinauf! in die ätherische Schnee-Wiege! –
Und ich ruhe und ich liege.
Und meine Augen fliegen aus mir weit
als blaue Eis-Vögel in die Welt-Herrlichkeit.


\* \* \*


Eis. Und Eis-Licht-Strahlen.
Aus dem lichten Eise seh' ich sprießen
einen Wunder-Blumenstrauß.
Sind das Rosen? sind das Lilien?
Sind es blaue Eis-Narzissen?
Dickicht wirrt von Dolden und Ähren.
Farben-Wälder: die bewegen sich:
die silbern, die golden einander,
die strahlen ineinander Wider-Flammen,
schleudern Perlen-Glanz, Rubin-Gefunkel:
Und zehntausend Glocken klingen an.

Mitten steht die Tänzerin.
Blütenzarte Krokus-Füße,
Lilien-Glieder regen sich.

Haupt-entschleiernd eine Veilchen-äugige
Geistin lächelt wunderbar.
Deutend auf die Brüste:
über ihre Myrten-Stirne streichend:
Meine heitere Geliebte winkt.
Und die Zeit wird immer göttlicher.
Immer gewölbter. Immer spiegelnder.
Die Stengel treiben seligere Blüten.
Der Blumenstrauß wächst höher, himmlischer.
Er durchblüht Orion, er duftet im Perseus.
Er funkelt in die Schöpfer-Welt-Sehnsüchte;
er glüht hinein in die Nacht sternloser Räume.
Und die Tänzerin beginnt den Tanz.
Sie dreht sich: zeigt sich: lächelt sich:

die Brüste kreisen schimmernd,
die Tilorama-Wangen glühen.
Sie zeigt der unteren Welt das Glück.
Da entströmt Musik dem Venus-Stern,
da tanzen die trunkenen Monde.
Weites Funken-Feuer tropft hochab.
Die Tänzerin wölbt ihre Freuden-Arme.
Spendet Sieg-Lächeln den oberen Himmeln.
Sie hat ihre Haare in Äther verliehen.
Sie hat alle Blüten in das All verschenkt.
Sie hat jetzt die heiterste Sfäre ertanzt.
Sie hat das himmlische Saitenspiel ergriffen.
Sie singt. Und sie klingt.

# Traum

# Farben-Lichter

# Spiel der Welt

# IV

## 61

Im kalten Morgendüster,
da ich am Fenstervorhang schlafenttaumelt lehnte,
überraschte mich eine Gestalt
und küßte mich.
Und ich fühlte wunderbares Licht auf meinem Haupt,
ich sank erstarrt, von Bildern überschüttet:
von Chaos-Wundern:
am Vorhang in den Sessel.

Weltspät, nach silbernen Ewigkeiten,
blies ein ferner Hirte seine Flöte.
Draußen vor dem halberschlossenen Vorhang
stieg der Glutball aus dem grünen Meer herauf.

## 62

Von der Sonne,
die jetzt am Strand des Meeres glühend sinkt
neben einer Fischerhütte,
eilst du zu mir herauf die strahlende Steinhalde.
Du trägst einen glühenden Kranz,
du Nackte Schwebende.
So glutstrahlend.

daß dein Antlitz dämmerig verschwimmt:
Herantanzende.
Hier oben:
meine Hand auf der Lehne meines Thrones,
die schöpferische,
versinkt grausig ganz in die tiefe Nacht.

Aber das Haupt, der Gedanken-Sieger
strahlt krönungselig, entgegen,
zu empfangen den glühenden Kranz.


## 63

Ich lehne aus einem Fenster in den Weltraum.
Ein bunter Falter durchschwebt die Welt.
Er schwebt schaukelnd heran.
Er läßt sich nieder auf der Fensterbrüstung.
Auf seinen gläsernen Augen,
auf seidenen Schwingen haftet das Farben-Licht
aller buntschillernden Gestirne.
Er schlägt die Schwingen: und es sprühen Farben
über mein berauschtes Angesicht:
Grün, und fremdes Rot der fernsten Sterne
über mich herein in das Gemach.


## 64

Während ihr redet in der Dämmerung,
ihr zwei Frauen, sitzend im offenen Kiosk
mit nacktem Leibe und mit blühenden Sinnen:
Sprießen Blumen auf in den weiten Ländern,
überdeckt von Krokus und Narzissen
seltsam weiß und rötlich schillern die Länder.
Ich tauche aus dem Meer mit goldenem Kranz,
da noch Sternbilder auf den Wogen schwimmen.
Meergrün blinken meine Augen,
mein Haupt erscheint mitten in der Runde
großer Ostenfahrer, ankernd auf dem Meer
windstill sicher in tiefem Schlaf –
mein dunkles Haupt unter goldenem Kranz.

Und ihr sitzt redend – horch! – in der Dämmerung
mit nacktem Leibe im Blumenkiosk.

## 66

Ich saß in weißem Zelte
auf den Marmortisch gestützt. Ich weinte
einen Strom der Tränen.
Draußen auf die morgenrote Heide
senkte sich kristallen eine Sfäre
hohen Himmels. Daraus sprossen
buntkristallne Blüten; rote; blaue.
Ein kristallner Klang beglitt die Woge,
wann ganz fern ein Farbenkelch sich aufschloß.
Lieblich blühte dann und klang ein Garten
um mein weinend Haupt, weh ruhend
auf dem Marmortisch im weißen Zelte;
in dem kühldurchwehten offnen Zelte.

## 66

Ich war im wundervollen klaren Licht,
in Farbe, Wärme, in Bewegung.
Ich schritt auf sanftem Kies in hohem Glashaus,
mein Geist war ferngerichtet in eine Landschaft.
In meinen Nähen atmeten die Blumen,
die Palmen,
sie drängten sich zu seliger Entfaltung,
und rührten sich, und rührten mich.
Und mir zuseiten wandelten zwei Frauen.
Sie liebten mich. Ich fühlte ihre Lippen
auf meiner Lippe.
Sie flüsterten und dachten nur die Liebe,
ich sah die Regung ihrer Seelen,

das zitternde Spiel, das Menschlich-Herrliche.
Manchmal verstand ich auch ihr menschlich Wort,
manchmal sah ich die Farben ihrer Kleider,
den nackten Fuß, des Leibes warme Rundung.
Mein Geist war ferngerichtet in eine Landschaft,
die im Entstehen war.
Ich zog sie an wie ein Gewand.
Ich sah aus wilden Felsen,
sah aus blauen Strömen
durch große Augen in den jungen Silber-Äther.

## 67

Da sitzest du, und hast des großen Lebens
wilde Sonnen ganz in dich getrunken.
Trunken bist du, dein Auge schleiert.
Als ich des Saales Fenstervorhang aufzog,
saßest du, vom Lichte überrascht,
zwischen deinen fremden bunten Blumen,
du nahmst dein blau-unirdisches Gewand
fester an dich – bargst dein Antlitz
hinter einer großen scheuen Blüte.
Zitternd schwankten, tagverwirrt die Stengel.
Ich aber wußte nicht, wohin ich drang,
ich ließ bestürzt den Vorhang nieder,
nun kommt vom heißen Strand des sonnigen Meeres
ein Fischerknabe, nackt und schlank gelaufen,
im kühlen Schatten dieses Blumensaales
bietet er mir dar
eine große klare Perle.
Wir reden mit schattigen Stimmen von Meer und Per-
lenfischern:
immer im wunderbar verhüllten Schimmer
deiner weltgestirnten Augen.

Draußen über der Gebirge Gipfelketten
jagt auf goldenem Roß
ein verschleiert winkend Weib.
Es hebt sich steil und sprengt in den Äther.


**68**

Du saßest unter dem donnernden Wasserfall
auf breitem Felsenstuhl mit ruhendem Haupt,
als draußen die Sonne ihre goldnen Stiere
vorübertrieb in der Stille des schwebenden Mittags.
Über deine Stirne zog das Licht
bunte Farbenflecke – über deine Augen
unergründlich – deine ruhenden Hände.
Du sprachst ein Wort im Donner des Wasserfalls:
als wären jene goldnen Stiere,
zugetrieben einer irdischen Nacht:
und wäre die gekrönte Königin:
Bunte Figuren, gewirkt in dein Gewand,
das weit und kühl an dir herniederfließt
und als sanfter Hauch im Äther fächelt.


**69**

Ach klimme hinan auf eiserner Brücke
über dem Ton-Meer der Posaunen.
Es schwingt die Wölbung, tief klirrt Wind
im Pfeilerwerk;
auf meinem Haupte thront der eherne Sturmhelm.
Noch einen Schritt – Alles wird herrliche Freiheit,
drunten auf leuchtendem Meer sitzt die Gorgone,
die schöne Hirtin in den Himmel-Tiefen.
Es blüht ihr Schoos. Unzählige Geschlechter
goldener Wolken

quirlen auf dem Meer. Sie träumt.
Da schallt mein Höhenruf. Errötend glänzt die Göttin.
Sehnsüchtige Arme öffnen sich.
Und mächtig ist mein Geist an diesem Tag.

## 70

Nur noch in meinem Traum hast du dein Leben.
Drin aus dem Dunkel glänzende Kristallaugen
dich liebend anschaun. Und das Meergras säuselt
in wolkiger Herbstnacht um verfallne Tempelstufen.
Dann öffnet sich die Pforte des Palastes.
Du trittst hervor ans Meer. In scheuer Ferne
lehnt ein Wächter, starr an einer Säule.
Dort lagern nackte Frauen bei den Wogen.
Und Eine, deine hohe Königin,
hält eine goldene Krone in den Händen;
die spiegelt wider tiefes Nacht-Gewölk.
Du lächelst Traum. Dich rührt die Zeit
mit kühlem Hauch. Und Menschen-Sein
atmet groß im Einklang mit dem Meer.
's ist Alles großes Sein, 's ist seliges Sein!
Du pflückst des Chaos wundervolle Blüte
und heftest sie an das Gewölb der Brust.

Nur noch in meinem Traum hast du ein Leben.
Der währt – Jahre.
Bis der Bilderstürmer kommt mit flammender Fackel.
Da flammst du bildlos in die leere Luft.
Und die große Kupferkrone auf meinem Schädel
wird rostig grün.
Sie gleitet leise an den Schläfen nieder;
sie sinkt und schließt den zeitgefüllten Mund.
Der aber *dann* dich übernimmt –:
Über mein verseufzendes Hirn,
über mein verherrlichtes Antlitz,

über mein beseligtes Gebein –
über meinen grausig dunklen Moder
streifend mit den Schwingen
schwebt er heran:
*der Vogel* –


# 71


Wie lange? – Ach sitze im Saal.
An den Wänden erblickt mein Auge
bunte Bilder: Thaten meines Lebens.
Meerfahrten. Schlachten. Und Erstürmungen.
Auf hohen Türmen wache Glanz-Nächte.
Mein nackter Leib in Armen liebender Männer.
Eine Königin bin ich im Alter,
Semiramis im innern Geist;
in mein Auge schaut kein Krieger mehr.
Ich entzog mich her in einen Saal.
Zerstreut hat sich mein Volk. Nur Einer noch,
ein alter Krieger noch, kann nicht vergessen.
Er steht am Strand des Meeres. Er blickt immer nach
mir,
nach dem erzenen Dache des Palastes.
Er sieht ein Volk von fremden Vögeln,
das sich niederließ über mir.
Ihr droben Alle: euren Gesang
hör' ich im Schlafen wie im Wachen:
Herrscherloses Volk, im weiten Äther
schattenwerfend flatternd zwischen Gestirnen:
eine Königin sucht ihr im Alter,
Semiramis im innern Geist.

Es wird sein. Ein Krieger wird es schauen
und Jubel schmettern in die obern Wolken:
In einen Adler werd' ich mich verwandeln
und mich erheben in die Lüfte,

daß ich von Neuem blühe und herrsche
in einem andern – in einem Vogel-Reiche.


## 72

Aus tiefem Dunkel-Schlummer aufzufliehn,
oh hell erwacht,
einen glänzenden Strom entlang zu ziehn
mit Glut und Macht,
durch ungeheure Weiten,
die Seele rein nur Glanz, oh so zu schreiten
über schwarze Flächen
hinauf zu glänzenden Gebirgbächen,
die von dem Großen Allergrößten sprechen,
durch ungeheure Nacht –
oh hell erwacht.


## 73

Mein Haupt sank zurück,
ich lag dann Tag- und Nachtzeiten
zwischen glänzenden Gebirgbächen
in zitterndem Glück.
Hörte die Tiere durch die Wälder brechen,
sah ihren Augenglanz über meine Seele gleiten.
Die Schleier waren von mir abgesponnen,
ein neu Bewußtsein war in mir erklommen.
Eherne Stillen
überwölbten meinen Willen.

Mein Haupt lag im Schoose eines geborstenen Felsen.
Meine Hände ruhten in einem kühlen See.
Aus dem Schneegebirge stiegen die weißen Elefanten,
lautlos vorüber, zu Thal, eine glänzende Herde.

Lautlos vorüber eine Herde schwarzer Schlangen.
Es kamen verschollene Garderegimenter,
in roten Sänften von nackten Weibern vorübergetragen.
Die Wilden sangen in der Mondhelle.
Manchmal sah ich den Brand von fernen Leuchttür-
men.
Manchmal sandigen Strand, und uferlose Meere.


## 74


Weither schimmert mir dein gestirntes Auge.
Ich bin berührt; ich bin beträumt.
Ich bin ein Weib in blutrotem Gewand.
Ich lächle. Aus dem tiefen Himmel
sinkt ein silbernes Seil. Es tönt
hinter mir im wehenden Raum.
Es kriecht ein grüngoldschimmernder Riesenkäfer
auf mich zu mit des Seiles Ende.
Er windet sein Silber um meinen schlanken Leib
oft umkriechend das rote Gewand;
schillernd ruht er jetzt auf meiner Brust:
eine wundervoll lebendige Spange.
Wieder tönt das silberne Seil, und schwingt:
trägt mich durch die Luft, über blaue Meere,
auf dem kühlen Schaum von Kräuselwogen
spielen meine nackten Füße.
Nieder trägt es mich auf grüne Wiesen:
Ich lieg' in Gras zwischen wehenden Blumen,
bunte Farben beugen sich thauglitzernd
über mein rotes Gewand.

Ich pflücke einen großen Blumenstrauß.
Das Silberseil – das schneide ich vom Leib
und winde sein Ende um meine Blumen.

Noch einen Schnitt –: das Seil entflieht im Äther.

Ich lehne aus einem Fenster in den Weltraum.
Blutrot mein Gewand; ein silbernes Seil
ist mein Gürtel.
Ich winke mit einem Farbenstrauß – umbunden
silbern – in die Welt.

Ich lehne rückwärts an den Regenbogen.
Ein wenig traurig – wenig schwermütig.
Ich löse das Silberband von meinen Blumen.
Sie wehen fort von meinen gebreiteten Händen.

Städte. Hinab auf Berge. Auf Wolken.


## 75

Eine sitzt da vor einem großen Vorhang
und wirkt mit bunter Seide, Gold und Silber,
schwebendes Gewölk und strahlende Sternbilder.
Durch hohe Scheiben fällt fernes Licht
herunter auf das Haupt der Wirkerin;
auf traumgeregte schlanke Finger.
Das Licht folgt hinterher, ergreift Besitz
von Welten im Entstehn, noch tief in Schatten.
Ich ruhe in dem Hintergrund des Saales.
Sinnend. Während das Licht zerrinnt,
und Sterne aufgehn, und im Höchsten strahlen;
Welt-Zeiten lang; und spät verbleichen;
und dann die rote Frühe anbricht – einbricht
über mein Haupt und meine ruhenden Hände.
's ist tiefes Glück, zeitstille Herrlichkeit.
Erinnerung –: dann ganz versenkendes Glück,
an silbernem Seil mich senkend in den tiefen Himmel.

**76**

Still ist hier im Marmor-Treppenhaus.
Dämmerung sinkt oben durch die Scheiben,
wälzt sich über viele Treppenstufen
lautlos nieder, windend um die Säulen,
bis es formlos mir zu Füßen ruht:
Tier der Ur-Zeit und erloschene Sonne.
Hochjetztoben unterm Himmeldach
neigt sich über die stützlos hangende Treppe
eine Frau, Gestirne in den Haaren:
traumhaft winkt die Tänzerin der Nacht.

Rückwärts lehnend, schlummernd an der Säule,
hör' ich Tritte, hör' ich selige Schritte:
Über Marmorstufen, sterneglitzernd,
schwebt herab die Tänzerin der Nacht.


**77**

Verhaltene Leidenschaft ist über mir,
und Glanz, der mich anstrahlt.
Vor einer Pforte: ehern. Eine Treppe,
die ich heraufstieg: marmorn. Und das Meer
schlafend an der untern alten Stufe.
Und Eine steht bei mir. Wohl eine Blume.
Ja; eine Blume. Wie du selig ruhst.
Doch blicken Augen frauenlieb mich an,
und ätherbläulich.
Du, die mich liebt, du Herrscherin der Halle
schillernder Träume:
dein Vater ist der hohe Zauberer
über den Planeten.
Ich lieb' es, menschlich so bei dir zu stehn,
wann die Sonne dort sinkt, wann glutrot
das kupferne Thor hinter uns strahlt.

Das ist die Stunde des erschienenen Geistes.
Ich erblicke im Spiegel
deine Blüte, deine winkende Göttin.
Ich erblicke an mir glutrot meine Hand.
Silbern schimmern Haare.
Und eine Trompete bläst: zeitlos auf dem Meer.


## 78

Hoch blitzt ein Glanz, und machtvoll ruht der Himmel,
weit reicht der Luftraum, fern der Wolkenraum,
und sinkt hinunter, tief bis auf das Meer.
Und Münder saugen dort des Meeres Feuchte
und schlürfen sie herauf zum oberen Äther.
Es rinnt und wandert hoch mit hellem Klang
das Wasser durch die lichten Wolkenhallen.
Nur eines Vogels Herz, nur der Gedanke
lehnt sich im Hochflug an das Wolkenthor
und lauscht ... und preßt sich stärker an – und lauscht
...
Da stumpf aus tiefem Grund ... es stört herauf
verirrt ein Schall geschlagenen Metalls.
Das Auge sinkt hinab; durch Wind und Glanz
des jungen Höhen-Äthers. Tiefe Ruhe
auf dem Meer; auf schmaler Küste
weißlich angestrahlt und wolkenüberhuscht.
Ein Fleck bewegt sich unten auf dem Küstensand.
Ein Wagen. Bunt umtobt und wirr umlärmt.
Bewaffnete. Und Zecher. Nackte Frauen.
Es bellen wilde Hunde aus den Wäldern.
Es blendet Glanz an wild geschwungenen Zimbeln.
Und obenauf steht Einer: Triumphator,
in weißem Kleide, dunkelgrünem Lorbeer.
Kaum regt er sich; ein Stäubchen vor dem Wind.
Doch sein Auge: seine ferne Seele
schwebt, und haftet oben an den Wolken.

**79**

Auf dem Grunde eines Sees
lag ich schlafstarr. Über mir die Decke
klares dünnes Eis.
An den Ufern standen hohe Tannen.
Weiß Verschneite. Ihre Bilder
wachten reglos um mich in der Tiefe.
Und ich sah die Sonne, sah die Sterne
winterweiß und kalt
über dem See.

*

Durch die Welt bewegte sich ein Schatten.
Stieg zu mir herunter in den See.
Einen großen Adler sah ich schweben
frei gebreitet auf weltstarken Schwingen
über dem See.

*

Tiefer schwebte jetzt der Adler.
Auf den Tannen knisterte der Schnee,
und die grünen Zweige rührten sich,
weiße Bällchen hüpften auf die Erde.
Tropfen blitzten.
Und die Wellen rührten sich im See,
eine wachte auf, sie sprach,
zur Schwester-Schläferin,
und die rollte; und die dritte klang.
Ganz zu mir herunter,
bis in meinen starren Leib und Geist
fühlte ich die mächtig warme Brust,
fühlte ich den Liebe-Blick des Adlers
über dem See.

*

Frühling ward. Nun glitzerte der See.
Wehten goldene Winde.
Und aus meinem Leib sproß eine Blume
dunkelrot empor.
Hoch. Durch glänzend rollende Gewässer.
Sie drang aus den Gewässern.
Schaute zu dem Adlerblick empor.

*

Nieder schoß der Adler. Riß die Blüte
aus dem Grund des Sees.
Riß *mich* aus, aus allen tiefen Wurzeln –:
lächelte und riß! –: und bebte! –
Schwebte:
schwebte mächtig fort vom See.

*

Ich sah die Gestalt.
Die pflückte an dem Himmel einen Strauß
bunter Gestirne.
Fühlend unsern Flug –: sie wandte sich –:
– *Es war mein Vater* –:
Sterne fielen ihm zischend aus den Händen –
Er griff nach mir – in dem Heulen großer Stürme!
Er faßte mich – zwischen Gewitter-Wolken!
Zwischen Fittichen und Fängen meines Adlers!

*

Aus den Horizonten
stiegen finstere Blumen.
Schauten zu dem Adlerblick empor.

Einen Adler sah ich ferne schweben.
Eine dunkle Spätherbst-Wolke
hing er über einer welkenden Welt.
Schwarzen Blumen,
fernen Trauer-Blumen
entrieselten Sterne.
Der mich welthoch hielt, der hohe Zauberer
preßte mich an seine Vaterbrust,
küßte meine rote Blüte,
daß sie sanft zerfloß in feurige Wölkchen,
ihm umschwärmend, ihm umschleiernd
seine schönen Augen ....
            Feurige Wölkchen!


**80**


Ich stand auf den Gebirgen. Abend.
Felsen tauchten in Dämmerung,
aus hohen Fernen sank Schnee
auf meine Schulter – es begann zu schneien.
Und danach sank ich über eine weiße
Schneewolke. Und die Wolke schwebte
sanft tragend hoch.
Auf tiefem Firnfeld standen noch zwei Männer
in der Abendglut.
Wir trieben traumhaft entgegen einem Geflimmer,
zwischen Glanz und Helle, zwischen Lichtern,
ein Sterne-Leben, wundersam beglänzt.
Ich stieß einmal selig
an einen Stern –
die Wolke hing.
Am Rande
glitzern Tropfen, schmelzendes Geglitzer,
es quoll, es sickerte lebendig,

ich lag und sah's in Tiefen rinnen:
schillernd tropfend in das jähe Dunkel.
Ins Dunkel.
Ich stützte mich auf und hauchte in den Äther:
Schneeflocken wirbelten
in meinen Schoos.
Die Wolke schwebte wieder. Mitten hinein
zwischen Sterne-Blumen, blitzende Kelche.
Spielend haschte ich Flocken,
warf die in die Kelche.
Wann Flocke versank,
erlosch der Stern, und war ein Eiskristall.
So spielte ich lange. Und ich merkte kaum,
wie's dunkler um mich ward – wie ich die Welt
auslöschte – wie ein finsterer Riese
von einem Lager in der Tiefe aufstand – –
Glanz war nicht mehr, es war kein Spielen mehr,
ich lag nun ernst und horchend auf der Wolke
hoch über der Welt, hinunter spähend tief.
Alles zog an mir,
löste sich in mir: zum Sinken.
Und ich zerfloß in einen großen Regen,
in weiche Wärme-Tropfen, ich sank
in mächtigem Strich hinunter.
Städte, Wälder traf ich, Gärten,
jede Blatt-Berührung, Staub-Berührung
in Millionen Tropfen
ist bebender Genuß.
Auch Menschen rührte ich an. Erst Viele
mit Tieren. Dann noch Wenige, zerstreut
über Feldern; auf Wegen. Dann noch Einen
unter verdorrtem Baum. Dann Niemand mehr.
Still war's. Sehr ernst erstorben war's.
Nur Rauschen unaufhörlich hoch vom Himmel.
Und aus der Erde quoll jetzt vor ein Meer,
großmächtig überschwemmend alles Seiende
mit ernsten Fluten, wie Gesetz und Schicksal,
aufrauschend und aufblickend steil zum Himmel.
Aber gleich ernst, und gleich Gesetz und Schicksal,

antwortete ich von oben, und ich goß
in Tropfenfluten senkrecht in das Meer.


## 81

Blätter rauschen. Große dunkle Blätter
in der Laubwelt dieses schlafenden Baumes.
Tiefunten sehe ich bestrahltes Meer.
Felswände.
Es schimmert ein Licht. Es säuselt ein Wind.
Es saust.

Durch Zweige kriecht's heran.
Große Augen. Bunt im Märchenglanz.
Es hebt, es biegt sich Äste auseinander.
Ein Tier. Eine Riesenspinne.
Scheinende Flügel. Strahlendgrün. Geädert.

Ich liege schlafwach. Sie beginnt ein Werk.
Sie spinnt, sie webt.
Sie hebt sich, senkt sich.
Sie singt im Mondlicht.

Die Spinnerin sitzt traumhaft neben mir.
Strahlende Fäden, rötlich glänzend
spinnt sie um mich. Sie spinnt mich ein
in ein Glanznetz.
Doch immer saust noch Wind. Und Mondlicht spielt
draußen in der alten Welt.

*

Nun bin ich hier allein. Die Welt ward stumm.
Die Spinnerin ist fort. Ihr Werk vollbracht.
Ein Netz umzieht mich. Wundersam gewirkt

in Farben. In Lichtern.
In Bildern.

Eine Sonne mag dort draußen sein.
Der Menschengeist, den ich so sehr geliebt.
Er sitzt jetzt auf dem grünen Heimathügel.
Gedenket mein.

# Äther und Gestirne

# Schweben

# Der himmlische Zecher

# V

## 82

Wie rauscht der große Wind so wundervoll!
Ich hörte ihn früh. Ich lag in der Wiege
der breiten Wipfel einer Eiche.
Die stieg als Macht-Säule
aus dem hochgetürmten Meer weltauf,
und alle Äste unter, über mir
besät mit Sternen.
Und durch das Glanzgewoge
sah ich hinunter auf ein strahlend Meer.
Und hörte immer den Wind. Er kam vom Weltanfang,
er kam leise heran,
er wühlte wie ein Seliger im Astwerk
des alten Baumes,
und die Glanzgestirne raubten ihm den Atem.
Ich hörte den Wind. Er kam näher,
immer näher meiner Wiege,
er bog die jungen Zweige auseinander,
ich reckte meine Arme nach ihm aus,
er kam, der Selige. Er kam.

## 83

Der kühle Wind fuhr über alle Länder,
und er erreichte endlich auch mein Haar.
Ich saß; ich sah manchmal hinunter in die Tiefe;
dort war ein aufgetürmtes blaues Meer.
Ich saß so hoch. In offenem Säulenkiosk
auf den Gebirgen. Und mein Haupt gelehnt
an einer lieben Wolke weiße Wand;
die tönte. Und dann war noch in der Halle

ein Teich, an dem die Wandervögel tranken.
Und Vögel schwebten an, und Vögel schwanden
wie schnelle Nebel über spiegelndem Wasser,
es war ein ewigleises Schwingen um mein Haupt,
ein Rauschen;
ich schloß die Augen.
Ich war so mild in diesem ziehenden Äther.


## 84

Auf meinen Höhen sitzend hör' ich's rieseln.
Wann es den Wald durchbricht, so sind es Bäche;
und unten in der Tiefe sind es Meere,
die brausen groß hinaus.
Aber hier auf den Höhen sind es Tränen.
Hier bricht's hervor.

Ich möchte mein Haupt hinhalten wie die Berge.
Ich möchte weinen wie die Berge weinen.


## 85

Als säße ich eingeschneit auf einer Firne
der Felsgebirge. Und es schließt ein Weib
das große Stahlthor, das einst hinabführte
zu den blauen Thälern.
Immer fällt jetzt Schnee. Er schließt mich ein
mit meinen glühenden Sonnen,
die im Hirn mir lagern,
und mit so vielen wundervollen Bildern.
Einen Felsen hör' ich ernst und fernher reden;
eine Tanne weinen.
Ich lebte ein paar Stunden. Was ich sah, war selig,
und was ich fühlte, war auch selig.

Zuletzt entschwebt' ich mir. Ich ging hinüber
in jene immergrüne Tanne,
die am Felsen weint.
Sie weint die Tränen
kristallener Klarheit.


## 86

Es war sehr fern. Im Herbstgebiet,
durchklungen von dem Schall der vielen Quellen.
Mein Auge weltfrei offen im Äther.
Über gelben Blättern,
niederwehend bei kalten Brunnen ...
die ferne Flöte.
Dort stand ich lange mit kristallnem Auge,
es zogen weiße Wolken durch die Zeit,
am Rand der Ströme blinkte dünnes Eis.
Ich blickte *Einmal* auf: und es stand Einer nahe:
und dann erblickte ich immer ihn.
Denn Dieser stand mit Haupt und Schultern
als tragender Riese unterm Sterngewölbe,
hochstützend alle Herrlichkeit der Welt.
Auf seinem Antlitz,
auf seinem wundervoll erhellten Antlitz
erschien das dämmernde Bild der Welt,
Licht und Schatten, spielend um die Lippen,
herquellend maßlos aus den Glanz-Bezirken.
Bei Solchem stand ich mit kristallnem Auge,
es zogen weiße Wolken mir ums Haupt,
zu meinen Füßen blinkte das Eis.

Und danach kam's: Auf seinen Lippen
entstand ein Wort. Nicht hörbar,
aber mir sichtbar. Sinkendes Licht,
aus seiner Welt hinsinkend in die meine.
Ich nahm sein Wort, ich nahm sein Licht, und nahm

dann
seine ganze Welt auf meine Schultern.
Das dämmernde All, die strahlenden Lichter,
alle Glut-Gesetze.
Als wär' das immer so gewesen,
so stand Ich jetzt als Himmel-Träger,
indessen Jener langsam drunter wegging
wie der Welt-Schatten,
hinüberging ins Herbstgebiet
– traumaltes Auge –
dort hinzusitzen mit gestütztem Haupt,
wo kalte Brunnen verschüttet schluchzen
unterm ernsten Laub.
Und Glanz und Finsternis bezog mein Antlitz.
Hohe Vergessenheit. Erschienenes Sinnbild.

Still ist es. Still.
Manchmal kommt noch ein Weib,
wie Erinnerung
steht es in sanfter Ferne,
beschauend mein beglänztes Auge,
den Weltbau, die Lichter,
die Adern meiner tragenden Hände;
und mein beschattetes Geschlecht.


## 87

Und ich lag schlafträumend
auf der luftigen Spitze einer Pyramide.

Einmal, da rührte sich's unter mir,
rührten sich die Gebeine eines alten Gottes.

Luftig leicht
schwebt' ich über eines Gottes Grab.

Denkend stumm
lag ich über den Gedanken Jenes Stummen.


## 88


Auf dem Himmeldache meines Hauses stehend,
seh' ich nicht mehr die alten Sterne.
Alle sind überdeckt
von großen Schatten-Schmetterlingen.
Es schimmert herab durch die gespannten Flügel;
wie ein neues Licht.
Was jenseits vorgeht in den großen Fernen,
wir wissen's nicht.
Die dunkle Welt ruht drunten in erhabener Schönheit.
Und hier mein altes weißes Haar, es glänzt,
es singt im Nachtwind, li–li–li–li–,
und meine Tränen, sie fließen,
ein Glanzstrom, weithin in ein Thal, fernhin ins Meer.
So biet' ich dem Meer noch einmal stumm die Hand,
es war mir Vater, Sohn, und Weib zugleich,
es spricht unsagbar selig, herzzertrümmernd.
Ob wir uns wiedersehn, o Meer, wer weiß es!
Wir lebten selige Zeiten beieinander.

Ich zünd' ein Feuer auf dem Dach.
Aufflammt's in dunkle Welten,
und lischt.

Schlaf,
hinab ins Haus,
weitoffene Fensterflügel,
ich liege schon; halbschlafend; weitausträumend.
Ich liege über einer hochgewölbten Brücke.
Ich fühle einen fernen heiligen Schimmer
auf meinem Herzen.

Es schießt eine Möwe hoch!
Ich höre, ich höre das Meer, die Geliebte. Die Geliebte.


## 89

Ganz in Traum-Musik schwimmt Asien!

Denn ins indische Meer stieg Einer unter,
der betet aus der Tiefe den Gestirn-Glanz an.
Er klimmt wieder herauf: da folgt ihm das Meer
mit Walen, mit Schiffen und Stürmen
dröhnend nach: auf die Küste: ins Land.
Von den ungeheuren Seligkeiten
verfolgt: eilt er dahin
auf Flügel-Tänzer-Schritten.
Verhülltes Haupt: horcht er dem Brausen.

Ganz in Traum-Musik schwimmt Asien!

Denn im Prunk-Palaste Timurs:
im eingestürzten Schwelger-Saal
lagert am Mittag eine Herde Schafe
unter schattigem Granatbaum: träumt der Hirt
an einer Säule in dem einsamen Thal.

Ganz in Traum-Musik schwimmt Asien!

Denn bei den fernen Lerchen an Ufern des Rheins
im Efeu nistet der Orion-Sänger,
dem rauschen in den Adern, beglückt von sechs Jahr-
tausenden,
Ur-Asiens Melodien-Ströme.

Ganz in Traum-Musik schwimmt Asien!

Denn am blauen Felsen-See Kukunor
sitzen vier Göttinnen, weinend über die Länder.
An ihrem Schluchzen altern rundum die Völker
und erblinden unter düsteren Zypressen.

Ganz in Traum-Musik schwimmt Asien!

Denn ins Kaukasus-Thor tritt jetzt ein Held:
Der bringt junge, strahlende Augen
für neue, lichte Völker.

Ganz in Traum-Musik schwimmt Asien!

Denn wieder erschien die ewige Semiramis
und schwebt als Adler um die Felsen des Altai.

Ganz in Traum-Musik schwimmt Asien!

Denn auf dem Himalaja-Gipfel blüht jetzt eine Akazie.
Rötlichen Glückes Düfte
strömt sie aus, bis über die blauende Süd-See –

Ganz in Traum-Musik schwimmt Asien!


**90**


Hier ist ein Gipfel, um drauf einzuschlafen.
Hier schweben leichte Wolken dichtdrüberher,
die feuchten dir die Stirn und heiße Hände.
Und Wasserstürze singen selig in der Tiefe,
vom Mond durchwühlt.
Besessen hab' ich die Welt. Ich sog alle Feuer
in mich hinein, und jedes Glück war mein.

Hier ist ein Gipfel, um drauf einzuschlafen.
Hier ruht der Schlafend-Träumende

zwischen hochgetürmten funkelnden Schätzen;
mitten im Menschlich-Herrlichen.


## 91

Hier ist ein Gipfel, um drauf einzuschlafen.
Hier schwimmt das selige Glanzbild des Orion
welttief im Süden.
Und tief im Norden ruht der große Schatten
des alten Schmerzes,
der trinkt hinunter seine eigenen Tränen,
Augen glühen aus metallenem Gesicht,
und große Schmetterlinge streifen
mit Flatterflügeln den gesunkenen Koloß.

Hier ist ein Gipfel.
Hier tönt ein Horn
in der weiten Einsamkeit.


## 92

Hier ist ein Gipfel, um drauf einzuschlafen.
Hier streichen große Vögel dichtdrüberher,
die tragen in den langen Schnäbeln goldene Planeten.
Sie schwimmen langgestreckt im Luftstrom,
in ihren wilden Augen loht die Glut
der Sendung und des Ziels.
Wenn sie über Meer fliegen,
spiegelt in dem tiefen Wogen-Dunkel
ein machtvoll vorwärtsstrahlend Licht,
zwei Flammen jagen hinterher,
und ringsum schatten schwarze Fittiche.
Wenn im Nachtsturm ein Schiff dazwischensegelt,
ein hellerleuchtetes

zwischen diese Höhen und diese Tiefen:
Dann lehnt der Kapitan am Mast,
der Herrliche. Deß Blick ist weltenstark
hinausgerichtet, und er ankert im Chaos.
Des Geist ist Ewiges. Und große Vögel
mit Glanz-Planeten in den Schnäbeln
über ihm und unter ihm,
sie sind ihm flüchtig hergewehte Bilder.
Aus dem Schiffraum schwebt herauf
Alles überfunkelnd
der zechenden Matrosen
Welt-Triumph-Gesang.

Hier ist ein Gipfel, um Nachts drauf einzuschlafen.
Hierum wogt ewiger Triumphgesang.
Hier ruht der Schlafend-Träumende
auf der Spitze einer goldenen Pyramide.
Um die tiefen Flanken kreisen strahlend die Planeten.
Ein leiser Höhenhauch weht Einem über die Hände.

Hier ist ein Gipfel, um drauf einzuschlafen.
Hier hörst du Paukenschläge aus der Tiefe.
Hier zuckt der Geist um deine Lippen.
Es hebt deine Hand im Traum sich in den Äther
weltauf.


## 93

Ein Boot fuhr auf dem blauen Himmelstrom,
in sanfter Strömung, zwischen Sternen.
Welle brach in sprühendes Silber
vor dem Bug, am hintern Kiel
schleifte ein Fächer silberglänzend.
Mein Auge hing an einem zarten Wölkchen,
duftig schwebend, silberflockig hold,
ich stand und fuhr ihm immer nach,

heiter schiffend über den strömenden Himmel.
Quer über Boot zu meinen Füßen
lag die Hülle eines alten Menschen,
verschrumpft mit Runzelfurchen, erloschen,
gramtrübes Weißhaar flatterte hinaus;
das Auge sah verglast in sich hinein.
Und Sterne. Selige Sterne. In der Klarheit.
Herschwimmend. Flimmernd an den Toten rührend ...
Mein Auge hing an seinem Silberwölkchen.


## 94

Es lag mein Haupt auf einer weißen Wolke.
Dort, wo ringsum aus den Höhen
Wasserstürze niedertosen
in die lichtdurchsungene Tiefe.
Auf der feuchten Wolke sprossen Blumen,
rote, blaue Kelche um mein Schwarz-Haar.
Manchmal hüpfte ein silberweißer Vogel
aus der Tiefe herauf auf meine Hände.
Manchmal schwirrten goldene Bienen:
Verlockte aus den tiefen Gärten der Menschen,
trunkene Taumler um die himmlischen Tränke.
Und es kam ein großer bunter Falter,
auf den Schwingen tragend das Farben-Licht
aller buntschillernden Gestirne.
Schaukelnd, spreitend,
ging er nieder auf meine nackte Brust.


## 95

Ist der Morgen da? Das ewige Licht geht unter.
Es seufzt ein bißchen, es singt ein bißchen,
es sinkt in des Gebirges schwarzen Trichter.

Es weint auch ein bißchen; seine Tränen fließen
in weichen Bächen über Gestein
durch schlafende Blumen
in die Thäler der Welt hinunter.

Ist der Morgen da? Ich lieg' an einem See,
der einst nicht war.
Über der Flut schwebt ein großer Vogel,
der blickt mir in das Haupt und in die Seele.
Seltsamer Vogel, wem doch vergleich' ich dich?
Einer war einst wie du.
Er war mir Vater und Sohn.
Er flog, bevor der Morgen kam,
bevor das ewige Licht unterging. –
Seltsamer Vogel, wie heiß' ich dich? –
Doch du verschwimmst meinem Blick,
du schwindest.

Ich hör' ein sanftes Rauschen;
so sanft, so nah – als rauschte ich selber.
Als hätte ich Flügel, und wär' ein Vogel,
und schwebte über einem weiten See.
Seltsamer Vogel – wie heiß' ich mich?
Wie heißen meine Flügel?
Wie der See,
über dem ich schwebe?

Einen Flügelschlag will ich thun.
Einen einzigen.


## 96


Meine großen Flügel werd' ich ausspannen
über Feuer und Meer,
über die grünen Tannen,
über alle Schiffe und Sonnen,

über alle Wöchnerinnen
auf bebluteten bleichen Linnen,
über alle Richter und Verbrecher:
drüberher, drüberher
schöpf ich am rauschenden Himmelbronnen
zu einem tiefen Trunk den Silberbecher.

## 97

Drück' ab den Pfeil!
von dir erharr' ich Heil.
Roll' heran durch den Äther,
mein großer Sturmverwehter!

Schöner als ich, eine große Gewalt.
Doch ich bin dein Vater uralt.

Und wirst untergehn.
Nah mir, dicht neben.
Und ich werde wieder über Wassern schweben
und mein spiegelreines Bild besehn.

## 98

Ich ward ein Abenteurer tief im silbernen Himmel.
Ich blicke träumend in das Auge meines Pferdes.

Wann ich blicke in das Auge meines Pferdes,
blicke ich weit, weit
in die Unermeßlichkeit.

Und wann ich tanze mit den Sternen:
blickend in das Auge meines Pferdes
erfaßt mich die Seligkeit.

Und wann ich schlafe im Ätherlicht,
weckt mich ein strahlendes Licht:
das Auge meines Pferdes.

Und wann ich leide im bewölkten Nachthimmel:
blickend in das Auge meines Pferdes
schlafe ich gut.

Die Sterne strahlen. Tief im silbernen Himmel.
Aber Gram, aber Taumel zückt aus meiner Seele:
und ich muß morden das Auge meines Pferdes.


## 99

Eine Stimme schallt zu mir aus Tiefen:
»Seht, der Abenteurer dort im Himmel!«

Ich beuge mich hinab über mein Pferd;
mein Mantel flattert.
Einen Engel erblick' ich in den Tiefen:
goldne Gewandung, Macht-Gestalt:
fern, daß nur blendender Glanz
ihn sichtbar macht.

Meine Stimme fährt hinab:
»Bleibe zurück, nahe nicht.
Ich fand Etwas in meinem Geist,
seitdem durchflieg' ich alle silbernen Himmel
auf dem Blitzroß, leer sind die weiten Himmel,
mir im Geiste tost die Freuden-Fülle« –

In der fernen Tiefe ruft die Stimme:
»Seht, der Abenteurer mit der Chaos-Blüte!«

# 100

Als ich dann höher sank und tiefer stieg,
sauste die Schaukel, und fegte im Tiefen
durch einen Gerichtsaal, erfaßt ein Handvoll Richter
samt mehrern grinsenden Verbrechern,
und schwang sie in die Nebel des Orion.
Dann: Weltall-Beil: durchschlug die Schaukel
die Lichtschleppe einer Kometen-Sonne
und stäubte sprühende Trümmer in mein Haar –:
Mit lachendem Ruck riß ab! die Schlinge
am Wega-Turm der Leier –:
Hinausgeschleudert aus Wurfmaschinen
entfloh die Schaukel, floh durch tropfende Feuer-
Welten.
Ich saß auf schmalem Sitz, über meine Kniee
hing das gerissene Seil, das sauste
wo durch Tiefen, wo durch Meere.
Ich saß auf dem Triumph-Sitz, mein Schatten fuhr
als wandelnde Verfinsterung über Glanzländer,
ich sann und träumte – schwebte
über dem träumenden Haupte eines All-Dichters;
über nacktem Prachtleib eines Weibes;
über der silbernen Wiege eines Kindes,
über dem Schlaf des geborenen All-Kindes.

Ich sann und träumte – während irgendwo in Welten
schleifte das Seil über den Pol, und stieß um
ein Eismeer-Haus. Und ein Ertrinkender
ergriff verzweifelt das Seil – und kletterte
dran hoch. Und so den Äther trinkend
hört' er die seligen Sfären-Harmonien.
Ich sann und träumte – während aus der Tiefe
ein Seliger mir immer näher kam
mit hochgewandtem Haupt und funkelndem Geist.
Straff zog das Seil, ich sah hinab – rief ein Wort
hinab in die Welt – in welche? – schon fuhr ich
hinaus, und wo hinein, das Seil hing wieder schlapp

über meine Kniee. Sanfte Schwermut fächelte
mein goldenes Haar.


# 101

Vergangenheit auf meinen Flügeln, dunkeln,
jetzt schweben wir über dem brausenden Meer.
Und meine wilden Augen funkeln:
Wenn ich dich stürzen ließe in das Meer!? –
– Da hebst du an zu singen, und ich lausche,
und trage dich selig weiter übers Meer.


# 102

Ich fühl's im Schweben:
Meine Schwingen sind so groß geworden,
daß ich keinen Flügelschlag mehr thun kann.
Die Gestirne hängen unter meinen Schwingen,
mein Herz zog Alles an sich
mit Seligkeit.
Ich schwebe, und mein Herz glänzt so unendlich,
daß mir der Glanz aus den Augen tropft
hinein in Licht-Äther.
Ich trage, trage die Welt unter den Flügeln;
ein großes Brausen hör' ich in der Tiefe,
immer näher, immer größer.
Sink' ich? – steigt das Meer zu mir herauf?
Ob ich auch kein Wort mehr singen kann,
keinen Flügelschlag mehr thun kann –:
Ich trage die Welt, die Welt unter den Schwingen,
ich höre das Meer, die Geliebte, die Geliebte.

**103**

Urasima, du Schöner,
Urasima, du Ferner,
dein Herz schwebt dort als Wolke in der Bläue.

»Dort schwebt mein Herz, und in kristallner Sfäre.
Über grünen Hügeln, über blauen Strömen.
Mein goldner Strahl trifft alle Sterbenden
und alle Dichter.«

Urasima, du Schöner,
Urasima, du Ferner,
was lebt von dir hierunten bei uns Menschen?
was lebt von dir hierunten bei mir armem Weibe?

»Alles. Alles. Hast du nicht den Mond?
Hast du nicht die wilde große Sonne?
Hast du nicht den Thau vor deiner Waldhütte?
Nicht das Murmeln draußen eines Brunnens
in den Nächten deiner schlafverlassenen Liebe?
Hast du nicht
deine schluchzende schlafverlassene Liebe?«

Urasima, du Ewiger,
in der Tiefe unter deinem Herzen
beseligt mich – schlafverlassene Liebe.


**104**

*Eine Stimme singt:*

Ich bin tiefunten. Ich trage dein Haar,
das durch die Sterne-Welten hängt.
Das im Gewitter klar
leuchtend sich in Wolken senkt.

Das glühend mich umfängt
und mich versengt mit Wonnen – unsagbar:


*Eine zweite Stimme singt:*

Ich bin hochoben. Ich sammle das Licht
deines Auges in Kristallen.
Schwebend vor deinem Angesicht
hör' ich einen Ton erschallen,
Sterne in den Abgrund fallen,
daß mir im Glanz die Seele zerbricht.


*Eine dritte Stimme singt:*

Du hast, die vergangen sind,
Himmel-Lichter eingesogen.
Sitzend auf dem Sternebogen
lächelst du seliges Kind,
wenn von wilden Weltall-Wogen
eine zu dir aufschäumt und zerrinnt.


*Eine letzte Stimme verkündet:*

In dem wunderbaren Himmel-Leben
ist das Herrlichste: das stille Schweben
über Welten. Meinen hohen Ort
kann kein Flügelschlag erringen.
Unter meinen stillen Schwingen
ziehen selig ganze Welten fort.

## 105

Entfaltet schimmern meine Schwingen:
drin Gestirntes sprüht und dämmert.
Drin Kometen schweifen und zerspringen.
Drin ein Herz noch hämmert.

## 106

Zwischen tausend Morgensternen,
die die Laute schlagen.
Ich sei ein Mensch gewesen,
in verklärten Licht-Musiken sagen.

## 107

Mich umkränzt ein Hof von fernen Sonnen.
Mich umringt ein Hof von Glück.
In einem Strahlen-Kranze zieht mein Flug
rollende Welten mit sich und ihr Glück.

Eine Feder meiner Schwinge will ich wehen lassen.
Sie verflammt wohl wo an einer Sonne.
Aber vielleicht auch findet sie offene Gassen
nach der Menschen schwimmendem Märchen-Land:

Sinkt hinein in die irdische Maien-Nacht:
auf schlafenden Marktplatz
in Deutschland:
Und erzählt von mir und meinem Glück.

**108**

Aus dem Meer-Abgrund
reichen luftige Gestalten
zu mir auf einen ehernen Becher.
Er wandert durch die Purpurnacht der Tiefe,
zwischen Korallen und Medusen
beglänzt von bunten Märchenaugen;
aus strudelndem Schachte schießt er hoch,
entschlüpfend dem Macht-Schlag der grünen Woge –:
Aufwärts schäumend in den Licht-Äther
– Hinabblick über Welt und Meer –
dringt er in die morgenroten Wolken,
verschwindend unten, jetzt schon oben sichtbar:
auf, herauf,
über Welten, über Sternen spielend –:
Herauf an meine Lippe.

Meinen frühsten Becher halte ich wieder.
In seinem Tranke spiegelt
wundersam mein Bild.
Ein Auge erblick' ich. Drin versank
Gott und die Urwelt und manch herrliches Weib.
Drin schwankt jetzt traumhaft
des Chaos selige Blüte:
Die Tänzerin der Nacht.


**109**

*Ein Mensch spricht:*

Auf der Erde siehst du: und mitten im Himmel:
Und trinkst den Trank der Herrlichkeit.
Du trinkst mit dem Regenbogen und der Morgenröte,
du trinkst mit den Meeren, kristallenen Wolken,
mit rauschenden Abend-Purpurlandschaften,

mit Leuchtkäfern in Nächten der Moose,
mit jagenden Rossen und schwebenden Adlern,
mit den mondlichten Kratern der Vulkane,
den Schnee-Verwehungen der Pol-Öden,
und den Nachtfest-brausenden Städten der Menschen,
mit den tanzenden Feuerbällen deiner Gedanken
und den Umarmungen deiner Göttinnen –:
Uranus, Saturn, Neptun
umkreisen gierig den Rand deines Bechers –:

Nun sage, Menschen-Bruder, Erde-Bruder:
Wie das ward.
Wie das wird.


*Der himmlische Zecher antwortet:*

Du mußt dir ein Schwert schmieden.
Aus deinem Leid und aus deiner Krankheit –
aus dem Hohngelächter der Zeit,
aus deiner grauenhaften Menschen-Einsamkeit –
aus deiner Gier – aus deinem Wahnsinn –
aus der Unentrinnbarkeit aller Gesichte –
aus der Unaussinnbarkeit aller Gesetze –
aus der Unvollendbarkeit aller Zeugungen –:
Aus dem Zusammenbrausen aller deiner Zerberstun-
gen
mußt du dein Schwert schmieden.
Und du mußt gut zuschlagen –
wie es auch sprüht –
was es auch trifft –
wie es auch thut.

Du mußt das Schwert schmieden
deines Geistes.
Und ist das Schwert geschmiedet, und geglüht –
und gut gehärtet! –
dann muß dein Leib – deine dunkle Brust – dein Herz

verzehrt werden
von zerstörerischer! Sehnsucht
nach dem Schwert.

Dann wird einmal deine Stunde kommen –
die tausendjahrelang ersehnte –
die erreichte Stunde.
Dann wirst du stehn auf dunklem Erde-Hügel
in der Sterne-Glanznacht.
Und deines Geistes Schwert wird glänzen –
das zerspaltende: –
Und du wirst es fassen: und wirst es stoßen:
jubelnd:
mit der Macht Gottes –:
mitten in dein Herz.

Wenn du das überlebst –:
Wenn dein Herz das Schwert verschlingt –
und unzerstörbar ist –:
und mit einem uralt schönen Lächeln
es spurlos in sich löst –:
Dann verkündet ein Horn den Sieg.
Dann kommt die Gnade über dich.
Dir öffnen sich die Sfären,
und kreisen um dich,
es paukt und orgelt und posaunt,
es spielen vor dir die Lichter,
es dienen vor dir die Meere,
es kommen auf dich zu die Göttinnen,
und tanzen vor dir –
Tiona – Tilotama –
die Chaos-Blüte –
das Gesetz geht über dir weg –
du schaust ewige Klarheiten –
an deine Lippe drängt sich der Becher –
der Becher! –
*Und du*
*trinkst – – –*

*Der Mensch spricht:*

Oh mein Menschen-Bruder – oh mein Erde-Bruder –:
Der Becher quoll über! –
Nun lieg' ich trunken zwischen Blumen:
Mitten im Himmel:
in dem Garten der Welt.


# ENDE

## Über tredition

### Eigenes Buch veröffentlichen

tredition wurde 2006 in Hamburg gegründet und hat seither mehrere tausend Buchtitel veröffentlicht. Autoren veröffentlichen in wenigen leichten Schritten gedruckte Bücher, e-Books und audio-Books. tredition hat das Ziel, die beste und fairste Veröffentlichungsmöglichkeit für Autoren zu bieten.

tredition wurde mit der Erkenntnis gegründet, dass nur etwa jedes 200. bei Verlagen eingereichte Manuskript veröffentlicht wird. Dabei hat jedes Buch seinen Markt, also seine Leser. tredition sorgt dafür, dass für jedes Buch die Leserschaft auch erreicht wird.

Im einzigartigen Literatur-Netzwerk von tredition bieten zahlreiche Literatur-Partner (das sind Lektoren, Übersetzer, Hörbuchsprecher und Illustratoren) ihre Dienstleistung an, um Manuskripte zu verbessern oder die Vielfalt zu erhöhen. Autoren vereinbaren direkt mit den Literatur-Partnern die Konditionen ihrer Zusammenarbeit und partizipieren gemeinsam am Erfolg des Buches.

Das gesamte Verlagsprogramm von tredition ist bei allen stationären Buchhandlungen und Online-Buchhändlern wie z. B. Amazon erhältlich. e-Books stehen bei den führenden Online-Portalen (z. B. iBookstore von Apple oder Kindle von Amazon) zum Verkauf.

Einfach leicht ein Buch veröffentlichen: **www.tredition.de**

## Eigene Buchreihe oder eigenen Verlag gründen

Seit 2009 bietet tredition sein Verlagskonzept auch als sogenanntes "White-Label" an. Das bedeutet, dass andere Unternehmen, Institutionen und Personen risikofrei und unkompliziert selbst zum Herausgeber von Büchern und Buchreihen unter eigener Marke werden können. tredition übernimmt dabei das komplette Herstellungs- und Distributionsrisiko.

Zahlreiche Zeitschriften-, Zeitungs- und Buchverlage, Universitäten, Forschungseinrichtungen u.v.m. nutzen diese Dienstleistung von tredition, um unter eigener Marke ohne Risiko Bücher zu verlegen.

Alle Informationen im Internet: **www.tredition.de/fuer-verlage**

tredition wurde mit mehreren Innovationspreisen ausgezeichnet, u. a. mit dem Webfuture Award und dem Innovationspreis der Buch Digitale.

tredition ist Mitglied im Börsenverein des Deutschen Buchhandels.

## Dieses Werk elektronisch lesen

Dieses Werk ist Teil der Gutenberg-DE Edition DVD. Diese enthält das komplette Archiv des Projekt Gutenberg-DE. Die DVD ist im Internet erhältlich auf **http://gutenbergshop.abc.de**